J.-N Clot du Hecquet
Ph. Escoffier-Gentile

Aide-mémoire de C®

MARABOUT

Les collections *informatiques* sont dirigées par
Ghéorghiï Vladimirovitch Grigorieff

Direction de l'édition	Yann Delalande
Direction littéraire	Françoise Dequenne
Mise en page	Stéphane Mailleux
Composition	Les ateliers Virga processing
Couverture	Duc Ho Minh

Sommaire

Introduction

Le langage C provient du besoin de créer, dans les années 1970, par Bell Laboratories, le noyau du système d'exploitation UNIX.

En 1970 Ken Thompson crée dans cette optique le langage B, issu du langage BCPL. Mais il faudra attendre 1972 pour que Dennis Ritchie et Ken Thompson apportent de nombreuses modifications au langage B relativement peu performant. Cette étroite imbrication à l'origine entre C et le système d'exploitation UNIX explique actuellement sa grande popularité au sein de l'environnement UNIX.

Progressivement, le langage C a été adapté sur d'autres systèmes d'exploitation et de nouveaux compilateurs ont vu le jour. On trouve principalement sur le marché plusieurs versions du langage C qui heureusement different peu au niveau de la compatibilité. On peut citer le standard ANSI, Turbo C, Microsoft C, Quick C, Lattice C, etc.

Le langage C possède de nombreuses caractéristiques qui font qu'il est devenu un "standard de fait de la programmation" quasiment incontournable actuellement.

C est un langage **structuré** et modulaire. Un programme C est constitué de blocs et de fonctions.

Sans avoir la prétention en quelques lignes de détailler les grandes caractéristiques de ce langage, rappelons que C propose une quarantaine d'opérateurs ainsi qu'une grande diversité de types de données, permet un adressage absolu de la mémoire, de définir des pointeurs sur des structures de données et même de spécifier des variables dans les registres du processeur. C est aussi **récursif.**

Mais la caractéristique le plus souvent prise en considération est la **transportabilité** du C. Les différents compilateurs du marché se basent donc sur les règles et définitions proposées par Ritchie et Kernighan (version 7 C d'UNIX) pour respecter cette transportabilité. En utilisant la programmation de haut niveau, c'est-à-dire avec uniquement les fonctions du langage de base, la portabilité sera presque totale.

A l'inverse, dans l'environnement MS-DOS, l'utilisation des interruptions (par exemple, celles du BIOS) limitera la portabilité des programmes aux seules machines utilisant le système d'exploitation MS-DOS. En résumé, la portabilité des programmes sera fonction du niveau et des techniques de programmation et non pas liée directement au langage C.

C offre une grande **souplesse** au niveau de la programmation car ce langage utilise une librairie standard très complète.

Cette librairie permet d'augmenter considérablement le nombre des fonctions de son langage de base et surtout d'utiliser au maximum les caractéristiques propres au matériel et au système d'exploitation. Ainsi des modules sources peuvent être compilés séparément, ajoutés dans la librairie pour être ensuite exécutés par le programme. Cette souplesse nécessitera un compromis entre, d'une part, la portabilité (diminuée si, par exemple, on exploite dans le programme certaines instructions propres à un seul système) et l'optimisation, d'autre part, des performances du programme par rapport à l'environnement matériel et au système d'exploitation.

Ce volume s'adresse aux utilisateurs soucieux de retrouver les caractéristiques des fonctions du langage C en mentionnant les différences entre les compilateurs les plus utilisés (Turbo C, Microsoft C, Quick C, Unix et le standard ANSI). L'utilisation de ce volume nécessite une connaissance générale du langage C et de programmation. Cependant, ce volume s'avérera pratique à tout utilisateur désirant retrouver rapidement la syntaxe ou les caractéristiques d'une fonction .

Les fonctions

abort

❑ But

Gestion de processus.

❑ Syntaxe

void **abort**(void);

❑ Description

abort termine le processus en cas d'anomalie. Le message "Abnormal program termination" est envoyé sur le canal «STDERR». La fonction _EXIT est ensuite activée (code 3 en sortie). Retour soit au processus parent, soit au MS-DOS après l'exécution de la fonction **abort.**

❑ Fichier Include

```
#include <process.h>
        ou
#include <stdlib.h>
```

❑ Exemple

```
  if (MAX > 5000)
   abort();
```

❑ Remarques

Vous pouvez tester la valeur de la fonction _EXIT avec la commande batch MS-DOS «IF ERROR LEVEL».

Attention: les fichiers ouverts ne seront pas refermés par l'exécution de la fonction **abort**.

❑ Voir aussi les fonctions

EXIT, _EXIT, RAISE, SIGNAL,
SPAWNL, SPAWNLE, ..., SPAWNPE.

❑ Compatibilité

TURBO C	MSCT C	QUICK C	UNIX V	ANSI
1..2	*3..5*	*Oui*	*Oui*	*Oui*

abs

❑ But
Calcul mathématique.

❑ Syntaxe
int **abs**(int num);

⇨ **int num:** nombre (type entier)

❑ Description
La fonction **abs** renvoie la valeur absolue de l'entier spécifié.

❑ Fichier Include
```
#include <stdlib.h>
```

❑ Exemple
```
resultat = abs(nombre);
```

❑ Voir aussi les fonctions
CABS, FABS, LABS.

❑ Compatibilité

TURBO C	MSCT C	QUICK C	UNIX V	ANSI
1..2	*3..5*	*Oui*	*Oui*	*Oui*

access

❑ But

Manipulation de fichiers.

❑ Syntaxe

int **access**(char *pathname, int mode);

⇨ **char *pathname:** nom du fichier.
⇨ **int mode:** mode d'accès à vérifier.

❑ Description

La fonction **access** vérifie si un fichier existe et indique son mode d'accès (écriture, lecture, ...).

❑ Fichier Include

```
#include <io.h>
```

❑ Exemple

```
  if (access("JNC.TXT", 0) == 0)
   ;
  puts("Le fichier existe");
```

❑ Remarques

Access retourne la valeur «0» si le fichier spécifié existe et si son mode d'accès correspond au paramètre «mode».
Retourne la valeur «-1» si le fichier n'est pas accessible ou n'existe pas ou si son mode d'accès est différent.

La variable ERRNO sera affectée par EACCESS (le type d'accès spécifié par «mode» n'est pas autorisé) ou par ENOENT (le chemin d'accès est invalide, ou le fichier n'existe pas). Le paramètre «mode» doit prendre les valeurs suivantes:

pmode	Signification
00	Vérifie seulement si le fichier existe.
02	Vérifie si l'écriture est autorisée.
04	Vérifie si la lecture est autorisée.
06	Vérifie si la lecture et l'écriture sont autorisées.

❑ Voir aussi les fonctions

CHMOD, FSTAT, STAT.

❑ Compatibilité

TURBO C	MSCT C	QUICK C	UNIX V	ANSI
1..2	*3..5*	*Oui*	*Oui*	*Non*

acos

❑ **But**

Calcul mathématique.

❑ **Syntaxe**

double **acos**(double x);

❑ **Description**

La fonction **acos** retourne l'arc cosinus de la valeur spécifiée.

❑ **Fichier Include**

```
#include <math.h>
```

❑ **Exemple**

```
angle = acos(0.75);
```

❑ **Remarque**

L'argument de la fonction **acos** doit être compris entre «-1» et «1». Si l'argument est en dehors de ces limites, **acos** affecte la variable globale ERRNO par la constante EDOM, envoie un message d'erreur sur STDERR et retourne la valeur 0.

❑ **Voir aussi les fonctions**

COS, MATHERR.

❑ **Compatibilité**

TURBO C	MSCT C	QUICK C	UNIX V	ANSI
1..2	*3..5*	*Oui*	*Oui*	*Oui*

allocmem

❑ But

Appel système.

❑ Syntaxe

int **allocmem**(unsigned Size, unsigned *Segp);

⇨ **unsigned Size:** nombre de paragraphes de 16 octets à allouer.

⇨ **unsigned *Segp:** pointeur sur l'adresse du segment alloué par la fonction **allocmem.**

❑ Description

allocmem fait appel à l'interruption MS-DOS «Int 48h» pour affecter de l'espace mémoire. Cet espace mémoire a la taille du paramètre «Size».
L'adresse de cet espace sera précisé dans la variable Segp. La fonction **allocmem** retourne en sortie «-1» si la mémoire a été correctement allouée. Si la taille de la mémoire précisée par Size ne peut être affectée, **allocmem** communiquera la taille (en paragraphes) maximale de mémoire libre avec initialisation des variables globales (_DOSERRNO et ERRNO).

❑ Fichier Include

```
#include <dos.h>
```

❑ Exemple

```
status = allocmem(2000,&Seg_adr);
```

❑ Remarques

Pensez à libérer la mémoire allouée (par **allocmem**) par la fonction FREEMEM .
Les fonctions **allocmem** et FREEMEM sont dépendantes du système d'exploitation MS-DOS.
Pour une meilleure portabilité des programmes, les fonctions MALLOC, CALLOC et FREE sont recommandées.

❑ Voir aussi les fonctions

FREEMEM, SETBLOCK, CALLOC, MALLOC.

❑ Compatibilité

TURBO C	MSCT C	QUICK C	UNIX V	ANSI
1..2	*5*	*Equ*	*Oui*	*Oui*

❑ Equivalent

_dos_allocmem

arc

❑ But

Dessin.

❑ Syntaxe

void far **arc**(int x, int y, int angle_deb,
int angle_fin, int ray);

⇨ **int x, y:** coordonnées du centre du rayon.
⇨ **int angle_deb:** angle de début [0...360].
⇨ **int angle_fin:** angle de fin [0...360].
⇨ **int ray:** rayon.

❑ Description

arc dessine un segment d'arc de cercle .

❑ Fichier Include

```
#include <graphics.h>
```

❑ Exemple

```
arc(100, 100, 0, 89, 50);
    /* arc de 90 degrés */
```

❑ Remarques

arc utilise la couleur de tracé active.
La valeur de retour de la fonction **arc** est soit zéro (en cas d'erreur), soit une valeur non nulle (en cas de succès).

❑ Voir aussi les fonctions

CIRCLE, ELLIPSE, GETASPECTRATIO, SETCOLOR.

❑ Compatibilité

TURBO C	MSCT C	QUICK C	UNIX V	ANSI
1..2	*5*	*Equ*	*Non*	*Non*

❑ Equivalent

_arc

asctime

❑ But

Date-temps.

❑ Syntaxe

char ***asctime**(struct tm *time);

⇨ **struct tm *time:** structure contenant la date et l'heure.

❑ Description

La fonction **asctime** convertit une date et une heure en une chaîne ASCII.
La date et l'heure doivent être de type «tm» et stockées au préalable par les fonctions GMTIME ou LOCALTIME. La structure «struct tm» est définie dans le fichier time.h de la manière suivante:

```
struct tm
{
int tm_sec;      /* secondes (0,59)                      */
int tm_min;      /* minutes (0,59)                       */
int tm_hour;     /* heure depuis minuit  (0,23)          */
int tm_mday;     /* jour du mois   (0,31)                */
int tm_mon;      /* mois depuis janvier(0,11)            */
int tm_year;     /* année depuis 1900                    */
int tm_wday;     /* jour depuis dimanche   (0,6)         */
int tm_yday;     /* jour depuis 1er janvier (0,365)      */
int tm_isdst;    /* matinée ou soirée flag               */
};
```

❑ Fichier Include

```
#include <time.h>
```

❑ Exemple

```
printf("Il est %\n",
      asctime(&timedata));
```

❑ Remarque

asctime retourne une chaîne de 26 caractères.

❑ Voir aussi les fonctions

CTIME, GMTIME, LOCALTIME, TIME.

❑ Compatibilité

TURBO C	MSCT C	QUICK C	UNIX V	ANSI
1..2	*3..5*	*Oui*	*Oui*	*Oui*

asin

❏ But

Calcul mathématique.

❏ Syntaxe

double **asin**(double x);

❏ Description

La fonction **asin** retourne l'arc sinus de la valeur spécifiée.

❏ Fichier Include

```
#include <math.h>
```

❏ Exemple

```
angle = asin(0.65);
```

❏ Remarque

L'argument de la fonction **asin** doit être compris entre -1 et 1. Le résultat est un angle compris entre $-\pi/2$ et $\pi/2$.

Si l'argument est en dehors de ces limites, la fonction **asin** affecte la variable globale ERRNO par la constante EDOM, envoie un message d'erreur sur STDERR et retourne la valeur 0.

Pour gérer les erreurs, vous pouvez utiliser la fonction MATHERR.

❑ Voir aussi les fonctions

MATHERR, SIN.

❑ Compatibilité

TURBO C	MSCT C	QUICK C	UNIX V	ANSI
1..2	*3..5*	*Oui*	*Oui*	*Oui*

assert

❑ But

Gestion de processus.

❑ Syntaxe

void **assert**(int expression);

⇨ **expression:** type booléen Vrai ou Faux.

❑ Description

La macro **assert** termine l'exécution du programme si son paramètre «expression» est faux.
Dans ce cas, **assert** envoie un message de la forme ci-dessous et appelle ABORT:

```
Assertion failed: expression,file(filename),line(linenumber).
```

Filename: nom du fichier source.
Linenumber: numéro de ligne dans le fichier source où la macro **assert** se trouve.

❑ Fichier Include

```
#include <sdtio.h>
       ou
#include <assert.h>
```

❑ Exemple

```
#include <assert.h>

Main()
{  char *Ptr_Seg;
assert(allocmem(1000,&Ptr_Seg));
puts("Allocation de mémoire");
}
```

❑ Remarques

La macro **assert** est surtout utilisée pour «déboguer» les programmes.
Pour rendre inopérante la macro **assert,** lorsque la phase de débogage est finie, vous pouvez insérer dans le source du programme la commande suivante:

#define NDEBUG 1

❑ Voir aussi les fonctions

ABORT, RAISE, SIGNAL.

❑ Compatibilité

TURBO C	MSCT C	QUICK C	UNIX V	ANSI
1..2	*3..5*	*Oui*	*Oui*	*Oui*

atan

❑ But
Calcul mathématique.

❑ Syntaxe
double **atan**(double x);

❑ Description
La fonction **atan** retourne l'arctangente de la valeur spécifiée.

❑ Fichier Include
```
#include <math.h>
```

❑ Exemple
```
angle = atan(1.0);
```

❑ Remarque
Le résultat de la fonction **atan** est compris entre $-\pi/2$ et $\pi/2$ radians.

❑ Voir aussi la fonction
ATAN2.

❑ Compatibilité

TURBO C	MSCT C	QUICK C	UNIX V	ANSI
1..2	*3..5*	*Oui*	*Oui*	*Oui*

atan2

❑ But

Calcul mathématique.

❑ Syntaxe

double **atan2**(double y, double x);

❑ Description

La fonction **atan2** retourne l'arctangente de y/x.

❑ Fichier Include

```
#include <math.h>
```

❑ Exemple

```
angle = atan2(y,x);
```

❑ Remarque

La résultat de la fonction **atan2** sera compris entre -π et π.

❑ Voir aussi les fonctions

ATAN, MATHERR, TAN.

❑ Compatibilité

TURBO C	MSCT C	QUICK C	UNIX V	ANSI
1..2	*3..5*	*Oui*	*Oui*	*Oui*

atexit

❑ But

Gestion de processus.

❑ Syntaxe

int **atexit**(atexit_func);

⇨ **atexit_func:** point d'entrée de la fonction dans la liste de sortie.

❑ Description

L'utilisation de la fonction **atexit** permet d'enregistrer (structure LIFO) jusqu'à 32 fonctions ou macros. Le compilateur C appellera ces fonctions uniquement si le programme se termine normalement et ceci avant de redonner le contrôle au système.

❑ Fichier Include

```
#include <stdlib.h>
```

❑ Exemple

```
#include <stdlib.h>
Main()
{
 void alpha(void);
 void beta(void);
 atexit(alpha);
 atexit(beta);
 printf("Programme principal et
Fin\n");
}
```

```
void alpha(void)
     {
     printf("Tache ALPHA\n");
     }
void beta(void)
     {
          printf("Tache BETA\n");
     }
```

```
L'exécution du programme et des rou-
tines ALPHA et  BETA donnent
```

```
      Programme principal et Fin
                Tache BETA
                Tache ALPHA
```

❑ Remarques

La fonction **atexit** retourne le code «0» si l'enregistrement de la fonction a eu lieu et une valeur non nulle dans le cas d'erreur.

Les programmes se terminant par _EXIT ou par ABORT ne peuvent pas utiliser la fonction **atexit.**

❑ Voir aussi les fonctions

EXIT, ABORT, _EXIT.

❑ Compatibilité

TURBO C	MSCT C	QUICK C	UNIX V	ANSI
1..2	*5*	*Oui*	*Non*	*Oui*

ato...

❑ But

Conversion de données.

❑ Syntaxe

✦ double **ATOF**(char *str);
✦ int **ATOI**(char *str);
✦ long **ATOL**(char *str);

⇨ **char *str:** chaîne de caractères à convertir.

❑ Description

Les fonctions **ato...** convertissent une chaîne de caractères (str) en:

✦ Un nombre en virgule flottante: **atof**.
La chaîne est au format ci-dessous:
[blancs][signe][chiffres.chiffres][exposant][signe][chiffres]

✦ Un entier de type int: **atoi**.
La chaîne est au format ci-dessous:
[blancs][signe][chiffre]

✦ Un entier de type long: **atol**.
La chaîne est au format ci-dessous:
[blancs][signe][chiffre]

avec: [exposant] = d, D, e, E
[blancs] = Tabs ou Barre-espace
[signe] = signe (facultatif)

❑ Fichier Include

```
#include <math.h>
          ou
#include <stdlib.h>
```

❑ Exemple

```
valeur_numerique =atol(chaine_char);
```

❑ Remarques

Si lors de la conversion, un caractère de la chaîne ne convient pas, les fonctions **ato...** terminent la conversion.

Les fonctions **ato...** retournent en sortie la valeur numérique convertie.

S'il y a une erreur (par exemple, si le format de la chaîne de caractères à convertir ne convient pas), la valeur 0 sera renvoyée.

❑ Voir aussi les fonctions

ECVT, FCVT, GCVT.

❑ Compatibilité

TURBO C	MSCT C	QUICK C	UNIX V	ANSI
1..2	*3..5*	*Oui*	*Oui*	*Oui*

bdos

❑ But

Appel système.

❑ Syntaxe

int **bdos**(int dosfonction, unsigned dosdx,
unsigned dosal);

- ⇨ **int dosfonction:** numéro de la fonction DOS, transmis par l'interruption 21h du DOS.
- ⇨ **unsigned dosdx:** valeur du registre DX à transmettre.
- ⇨ **unsigned dosal:** valeur du registre AL à transmettre.

❑ Description

La fonction **bdos** permet d'accéder aux différentes fonctions de l'interruption 21h de MS-DOS.

❑ Fichier Include

```
#include <dos.h>
```

❑ Exemple

```
version_dos = bdos(0x30, 0, 0);
```

❑ Remarques

BDOS permet l'utilisation des fonctions MS-DOS utilisant uniquement les registres AL et DX. Les autres fonctions de MS-DOS peuvent être activées par les fonctions INTDOS ou INTDOSX.

La valeur de retour de la fonction **bdos** sera soit la valeur du registre AX après l'appel système soit, en cas d'erreur, la valeur «-1» .

❑ Voir aussi les fonctions

INTDOS, INTDOSX.

❑ Compatibilité

TURBO C	MSCT C	QUICK C	UNIX V	ANSI
1..2	*3..5*	*Oui*	*Non*	*Non*

bioscom

❑ But

Appel système.

❑ Syntaxe

bioscom(int cmd, char octet, int port);

⇨ **int cmd:** opération a exécuter.
⇨ **char octet:** caractère à envoyer ou représentant les paramètres de communication.
⇨ **int port:** numéro du port série:
0 = COM1
1 = COM2

❑ Description

La fonction **bioscom** gère et accède aux ports séries RS-232 (COM1 et COM2). **bioscom** utilise les fonctions du BIOS (INT 14 H). L'utilisation de cette fonction affecte la longueur des octets, la parité, la vitesse de transmission exprimée en bauds.

❑ Fichier Include

```
#include <bios.h>
```

❑ Exemple

```
status = bioscom(1, 65, 1);
```

❑ Remarques

Le paramètre «cmd», définissant l'opération à exécuter, peut prendre les valeurs suivantes:

- 0: Les paramètres de communications (longueur, parité, vitesse) sont spécifiés par le paramètre «octet».
- 1: Emission du caractère défini par «octet» sur le port série.
- 2: Réception d'un caractère venant du port série.
- 3: Renvoie l'état, c'est-à-dire les paramètres de communication du port série.

Le paramètre «octet» peut soit contenir le caractère à transmettre sur le port série, soit redéfinir les nouveaux paramètres de transmission en utilisant le codage suivant:

Catégorie	Valeur	Signification
Longueur des caractères	0x02	7 bits par caractères
	0x03	8 bits par caractères
Bits Stop	0x00	1 bit "stop"
	0x04	2 bits "stop"
Parité	0x00	Pas de parité.
	0x08	Parité impaire.
	0x18	Parité paire.
Vitesse de transmission	0x00	110 bauds
	0x20	150 bauds
	0x40	300 bauds
	0x60	600 bauds
	0x80	1200 bauds
	0xA0	2400 bauds
	0xC0	4800 bauds
	0xE0	9600 bauds

Le paramètre «octet» s'obtient donc en utilisant l'opérateur OR du langage C (|)
Par exemple, une transmission ayant des caractères de 8 octets, un bit de stop, pas de parité et une vitesse de 9 600 bauds sera défini de la façon suivante: x03 | 0x00 | 0x00 | 0xE0 = 0xE3

La valeur en retour de la fonction **bioscom** est de la même forme que l'interruption du BIOS 14h, c'est-à-dire une valeur codée sur 16 bits représentant le succès ou l'échec de l'opération.
Lors d'une réception («cmd» = 2), la valeur du caractère à lire représentera la partie basse. Les bits de poids forts (bits d'état) sont toujours transmis (voir ci-après).

Bit	Signification si le bit est à «1»
15	Time out error
14	Transmission shift-register empty
13	Transmission hold-register empty
12	Break detected
11	Framing error
10	Parity error
9	Data overrun error
8	Data ready

Dans le cas de figure ou le paramètre «cmd» = 0 ou «cmd» = 3, les bits de poids faibles (bits de transmission) seront affectés par les valeurs ci-après:

Bit	Signification si le bit est à «1»
0	Delta Clear To Send
1	Delta Data Set Ready
2	Trailing Edge Ring Detector
3	Delta Received Line Signal Detect
4	Clear To Send
5	Data Set Ready
6	Ring Indicator
7	Received Line Signal Detect

❑ Voir aussi la fonction

INT86.

❑ Compatibilité

TURBO C	MSCT C	QUICK C	UNIX V	ANSI
1..2	*5*	*Equ*	*Non*	*Non*

❑ Equivalent

_bios_serialcom

biosdisk

❑ But

Appel système.

❑ Syntaxe

int **biodisk**(int cmd, int drive, int head, int track,
int sector, int nsectors, void*buffer);

- ⇨ **int cmd:** opération à réaliser.
- ⇨ **int drive:** unité de disque.
- ⇨ **int head:** numéro de face.
- ⇨ **int track:** numéro de piste.
- ⇨ **int sector:** secteur de départ.
- ⇨ **int nsectors:** nombre de secteurs à manipuler
- ⇨ **void*buffer:** pointeur sur le tampon des données.

❑ Description

La fonction **biodisk** gère les entrées-sorties sur disquette ou disque dur en appelant l'interruption 13H du BIOS.

❑ Fichier Include

```
include <bios.h>
```

❑ Exemple

```
biodisk(2, 0, 0, 0, 0, 20, 2, ZONE);
/* Lecture de 20 secteurs du drive B */
/* et affectation dans la zone       */
/* mémoire ZONE                      */
```

❑ Remarques

La connaissance de l'organisation des fichiers sous MS-DOS est recommandée, c'est-à-dire la répartition des secteurs sur le disque (File Allocation Table).

L'utilisation de cette fonction doit se faire avec précaution afin d'éviter la destruction accidentelle de données du disque dur.

biodisk ne fonctionne parfaitement qu'avec les ordinateurs totalement compatibles IBM, sinon des erreurs pourraient survenir.

Les opérations réalisables par la fonction **biodisk** sont précisées par le paramètre «cmd» et décrites ci-dessous:

«cmd»	Fonction	Paramètres utilisés
0:	Réinitialisation du lecteur	drive
1:	Lecture de l'état (statut) du lecteur (drive)	drive
2:	Lecture du nombre de secteurs du disque et chargement dans la mémoire tampon	drive,head track, sector nsectors, buffer
3:	Ecriture du nombre de secteurs sur le disque. Fonction inverse de la valeur «2» du paramètre «cmd».	drive, head track, sector nsectors, buffer
4:	Vérifie si les secteurs spécifiés peuvent être lus. Examine la validité des données de ces secteurs en effectuant un test CRC. Retourne la valeur erronée en cas d'erreur	drive, head track, sector nsectors
5:	Formatage d'une piste	drive, head track, buffer

Les numéros de secteurs et les numéros de pistes dépendent du type des disquettes. La validité des paramètres «track» et «sector» sera la suivante en fonction de la capacité de la disquette:

✦ Disquette 5,25 pouces

Capacité disquette	Capacité drive	N° piste (track)	Secteur (sector)
320 K	320/360 K	0...39	1...8
360 K	320/360 K	0...39	1...9
320 K	1.2 M (AT)	0...39	1...8
360 K	1.2 M (AT)	0...39	1...9
1.2 M	1.2 M (AT)	0...79	1...15

✦ Disquette 3,5 pouces (AT ou PS/2)

Capacité disquette	Capacité drive	N° piste (track)	Secteur (sector)
720 K	720 K	0...79	1...9
1.44 M	1.44 M	0...79	1...18

La fonction **biodisk** retourne, à la fin du traitement, le contenu du registre AX.
Si **biodisk** s'est déroulé correctement, le registre AH (partie haute du registre AX, c'est-à-dire les 8 bits forts) retournera la valeur zéro. Sinon, le code d'erreur aura une des valeurs possibles des codes d'erreur du BIOS.

❑ Voir aussi la fonction

INT86X.

❑ Compatibilité

TURBO C	MSCT C	QUICK C	UNIX V	ANSI
1..2	*5*	*Equ*	*Non*	*Non*

❑ Equivalent

_bios_disk

biosequip

❑ But

Appel système.

❑ Syntaxe

int **biosequip**(void);

❑ Description

Détermine la configuration matérielle du système. La fonction **biosequip** retourne une valeur décrivant cette configuration.

❑ Fichier Include

```
#include <bios.h>
```

❑ Exemple

```
printf("Taille de la mémoire: %d\n",
BIOSEQUIP() >> 2);
```

❑ Remarques

biosequip utilise la fonction du BIOS INT 11H. La valeur retournée par **biosequip** est codée sur 16 bits, correspondant au contenu du registre AX de l'interruption du BIOS INT 11H.

Les informations de la configuration matérielle, retournées par **biosequip,** sont les suivantes:

Bits		Signification
0	1	Présence d'un ou plusieurs drives.
	0	Pas de lecteur de disquette.
1	1	Coprocesseur arithmétique installé.
2-3		Taille de la mémoire vive installée:
	00	16 Ko
	10	48 Ko
	01	32 Ko
	11	64 Ko
4-5		Mode vidéo initial:
	00	inutilisé.
	01	40 x 25 monochrome, carte coul.
	10	80 x 25 monochrome, carte coul.
	11	80 x 25 carte monochrome.
6-7		Nombre de lecteurs de disquettes.
8	0	si DMA (Direct Memory Access) est installé.
9-11		Nombre de ports séries installés.
12	1	adaptateur de jeux installé.
13	1	présence d'un port série installé.
14-15		Nombre d'imprimantes connectées.

❏ Voir aussi la fonction

INT86.

❏ Compatibilité

TURBO C	MSCT C	QUICK C	UNIX V	ANSI
1..2	*5*	*Equ*	*Non*	*Non*

❏ Equivalent

bios_equip

bioskey

❑ But
Appel système.

❑ Syntaxe
int **bioskey**(int cmd);

⇨ **int cmd:** opération à réaliser.

❑ Description
Gestion du clavier par l'intermédiaire de l'interruption du BIOS INT 16 H.

❑ Fichier Include
```
#include <bios.h>
```

❑ Exemple
```
status = bioskey(2);
/*Teste l'état des touches spéciales*/
```

❑ Remarque
Les différentes valeurs que peut prendre le paramètre «cmd» sont les suivantes:

«cmd»		Désignation
0		Renvoie le prochain caractère du buffer du clavier. Le caractère est retiré du buffer.
1		Retourne «0» si le buffer du clavier est vide. Sinon, retourne la valeur du caractère, sans le retirer du buffer.
2		Retourne l'état des touches spéciales:
	Bit	Signification si Bit = 1
	0	Touche SHIFT droite enfoncée.
	1	Touche SHIFT gauche enfoncée.
	2	Touche CTRL.
	3	Touche ALT.
	4	Etat SCROLL LOCK = ON
	5	Etat NUM LOCK = ON
	6	Etat CAPS LOCK = ON
	7	Etat INSERT = ON

❑ Voir aussi les fonctions

INT86, KBHIT.

❑ Compatibilité

TURBO C	MSCT C	QUICK C	UNIX V	ANSI
1..2	*5*	*Equ*	*Non*	*Non*

❑ Equivalent

_bios_keyboard

biosmemory

❑ But
Appel système.

❑ Syntaxe
int **biosmemory**(void);

❑ Description
La fonction **biosmemory** renvoie la taille de la mémoire (RAM) disponible, par l'intermédiaire de l'interruption du BIOS INT 12H.

❑ Fichier Include
```
#include <bios.h>
```

❑ Exemple
```
taille_memoire = biosmemory();
```

❑ Remarque
biosmemory retourne le nombre de blocs de 1 Ko (1 024 octets) disponible.

❑ Compatibilité

TURBO C	MSCT C	QUICK C	UNIX V	ANSI
1..2	*5*	*Equ*	*Non*	*Non*

❑ Equivalent
_bios_memsize

biosprint

❑ But

Appel système.

❑ Syntaxe

int **biosprint**(int cmd, int byte, int port);

⇨ **int cmd:** commande d'impression voulue.
⇨ **int byte:** caractère à imprimer.
⇨ **int port:** numéro du port de l'imprimante
0 : LPT1.
1 : LPT2.

❑ Description

La fonction **biosprint** peut initialiser l'imprimante, déterminer l'état du port de l'imprimante ou imprimer un caractère. **biosprint** utilise l'interruption du BIOS INT 17 H.

❑ Fichier Include

```
include <bios.h>
```

❑ Exemple

```
biosprint(0, 'J', 1);
/* Imprime un 'J' sur LPT1 */
```

❑ Remarques

Les différentes fonctions possibles de la fonction **biosprint** sont exprimés par le paramètre «cmd»:

cmd	Signification
0	Sortie du caractère («byte») sur le port de l'imprimante.
1	Initialisation du port de l'imprimante.
2	Retourne l'état de l'imprimante.

Les trois fonctions de la fonction **biosprint** retournent en code de retour l'état de l'imprimante. Les bits de poids faible du code de retour ont les valeurs suivantes:

Bit	Signification si le bit = 1
0	Dépassement de temps imparti.
1	Inutilisé.
2	Inutilisé.
3	Erreur d'entrée-sortie.
4	Imprimante sélectionnée.
5	Fin de papier
6	Accusé de réception.
7	Imprimante libre.

❑ Voir aussi la fonction

INT86.

❑ Compatibilité

TURBO C	MSCT C	QUICK C	UNIX V	ANSI
1..2	*5*	*Equ*	*Non*	*Non*

❑ Equivalent

_bios_printer

biostime

❑ But

Appel système.

❑ Syntaxe

long **biostime**(int cmd, long newtime);

⇨ **int cmd:** commande à réaliser.
⇨ **long newtime:** nouvelle valeur.

❑ Description

La fonction **biostime** gère l'heure par l'intermédiaire de l'interruption du BIOS INT 1AH.

❑ Fichier Include

```
#include <bios.h>
```

❑ Exemple

```
nombre_impulsion =  biostime(0, 0L);
```

❑ Remarques

Les différentes valeurs possibles du paramètre «cmd» sont les suivantes:

cmd	Signification
0	Retourne la valeur courante du contenu de l'horloge interne.
1	Initialise et modifie la valeur de l'horloge interne par le paramètre «newtime».

Le décompte du temps se fait par impulsion de 55 millisecondes ou de 18,2 impulsions par seconde. Le nombre d'impulsions retourné par la fonction **biostime** correspond au nombre d'impulsions écoulées depuis minuit.

❑ **Voir aussi la fonction**

INT 86.

❑ **Compatibilité**

TURBO C	MSCT C	QUICK C	UNIX V	ANSI
1..2	*5*	*Equ*	*Non*	*Non*

❑ **Equivalent**

_bios_timeofday

bsearch

❑ But

Tri et recherche.

❑ Syntaxe

```
void *BSEARCH(const void *key,
              const void* base, size_t  nelem,
              size_t width, int (*compare)());
```

⇨ **const void *key**: pointeur sur l'élément à chercher.
⇨ **const void *base**: pointeur sur le premier élément du tableau.
⇨ **size_t nelem**: nombre d'éléments du tableau.
⇨ **size_t width:** taille en octets de chaque élément du tableau.
⇨ **int (*compare)()**: fonction de comparaison définie par l'utilisateur.

❑ Description

bsearch effectue une recherche binaire dans un tableau de type quelconque. Le tableau doit être obligatoirement trié. La fonction de comparaison doit travailler avec deux pointeurs, le premier étant «key» et le deuxième représentant un élément du tableau. Cette fonction doit retourner un code de retour ayant comme valeur possible -1, 0, 1:

key < element : 1
key = element : 0
key > element : -1

❑ Fichier Include

```
#include <stdlib.h>
```

❑ Exemple

```
index = bsearch(cle, debut, 4000, 16,
compare);
```

❑ Remarques

bsearch est beaucoup plus rapide que les algorithmes de recherche linéaire. **bsearch** retourne l'adresse du premier élément de la table correspondant à la clé de recherche.

En cas d'échec de la recherche, la valeur NULL sera retournée par **bsearch.**

❑ Voir aussi les fonctions

LFIND, LSEARCH, QSORT.

❑ Compatibilité

TURBO C	MSCT C	QUICK C	UNIX V	ANSI
1..2	*3..5*	*Oui*	*Oui*	*Oui*

cabs

❑ But

Calcul mathématique.

❑ Syntaxe

double **cabs**(struct complex z);

⇨ **struct complex z**: structure contenant les parties réelle et imaginaire d'un nombre complexe.

❑ Description

Retourne la valeur absolue d'un nombre complexe.

❑ Fichier Include

```
#include <math.h>
```

❑ Exemple

```
resultat = cabs(complexe);
```

❑ Remarque

Le nombre complexe doit stocké dans une structure de type complexe.

```
struct complex:
 {
double x;  /* Partie réelle de Z      */
double y;  /* Partie imaginaire de Z */
 };
```

Si le nombre complexe est trop grand, la fonction **cabs** affectera la variable globale ERRNO par la constante ERANGE.

❑ Voir aussi les fonctions
MATHERR, HYPOT, FABS.

❑ Compatibilité

TURBO C	MSCT C	QUICK C	UNIX V	ANSI
1..2	*3..5*	*Oui*	*Oui*	*Non*

calloc

❑ But

Allocation de mémoire.

❑ Syntaxe

void ***calloc**(Size_t Num_Elems,
Size_t Elem_Size);

⇨ **Size_t Num_Elems**: nombre d'éléments pour lesquels il faut allouer l'espace.
⇨ **Size_t Elem_Size**: taille de chaque élément en octets.

❑ Description

Allocation d'un bloc mémoire et initialisation à zéro de chaque élément. Si l'allocation de l'espace mémoire ne peut pas se faire, la fonction **calloc** retourne la valeur NULL.

❑ Fichier Include

```
#include <alloc.h>
       ou
#include <stdlib.h>
```

❑ Exemple

```
#include <alloc.h>
#include <stdlib.h>
char *buffer ;
Main()
 {
 buffer = (char *) calloc(50,40);
```

```
if (buffer == NULL)
 {
printf("Impossibilité d'allocation\n");
exit(0);
}
printf("Allocation réussie\n");
}
```

❑ Remarque

La valeur de retour de la fonction **calloc** représente en fait l'adresse de la mémoire allouée. La mémoire allouée peut stocker tous les types de données.

❑ Voir aussi les fonctions

MALLOC, FREE, REALLOC.

❑ Compatibilité

TURBO C	MSCT C	QUICK C	UNIX V	ANSI
1..2	*3..5*	*Oui*	*Oui*	*Oui*

ceil

❑ But

Calcul mathématique.

❑ Syntaxe

double **ceil**(double x);

❑ Description

La fonction **ceil** arrondit un nombre à l'entier immédiatement supérieur. **ceil** retourne une valeur de type «double» .

❑ Fichier Include

```
#include <math.h>
```

❑ Exemple

```
#include <math.h>;
Main()
{
printf("%f est après l'arrondi %f\n",
4.9, ceil(4.9);

printf("%f est après l'arrondi %f\n",
5.1, ceil(5.1);
}

Ce programme donne comme résultat:
4.900000 est après l'arrondi 5.000000
5.100000 est après l'arrondi 6.000000
```

❑ Voir aussi les fonctions

FLOOR, FMOD.

❑ Compatibilité

TURBO C	MSCT C	QUICK C	UNIX V	ANSI
1..2	*3..5*	*Oui*	*Oui*	*Oui*

cgets

❑ But

Entrée-sortie.

❑ Syntaxe

char *CGETS(char *buffer);

⇨ **char *buffer**: buffer contenant la chaîne à lire.

❑ Description

La fonction **cgets** est utilisée pour lire une chaîne de caractères à partir du clavier.

❑ Fichier Include

```
#include <conio.h>
```

❑ Exemple

```
var1 = cgets(chaine);
/* Saisie d'une chaîne et affecta */
/* tion dans la variable var1    */
```

❑ Remarque

Avant l'appel de la fonction **cgets**, le premier octet de «buffer» (buffer [0]) doit contenir le nombre maximum de caractères à lire. Le deuxième octet (buffer [1]) contiendra, après la saisie de tous les caractères par **cgets**, le nombre de caractères réellement saisis.

Les données saisies et stockées dans «buffer» seront donc situées à partir de la troisième position dans la zone «buffer».

❑ Voir aussi la fonction

CPUTS.

❑ Compatibilité

TURBO C	MSCT C	QUICK C	UNIX V	ANSI
1..2	*3..5*	*Oui*	*Non*	*Non*

chdir

❑ But

Manipulation de fichier.

❑ Syntaxe

int **chdir**(char *path);

⇨ **char *path**: nouveau chemin d'accès.

❑ Description

La fonction **chdir** change le répertoire courant, exactement de la même manière que la commande MS-DOS «CD».

❑ Fichier Include

```
#include <dir.h>
```

❑ Exemple

```
chdir("\\data");
```

❑ Remarques

La valeur de «path» est fixée par les règles de MS-DOS.

L'exécution normale de la fonction **chdir** renvoie la valeur «0», sinon la valeur d'erreur «-1». La variable globale ERRNO sera alors affectée par la valeur ENOENT.

Si «path» comporte le numéro de disque (drive), le nouveau chemin d'accès à considérer sera par rapport à ce numéro de disque de la commande. Le disque courant ne sera pas modifié. Pour cela, il faut utiliser la fonction SYSTEM ou SETDISK.

❑ Voir aussi les fonctions

MKDIR, RMDIR, SETDISK, SYSTEM.

❑ Compatibilité

TURBO C	MSCT C	QUICK C	UNIX V	ANSI
1..2	3..5	Oui	Oui	Non

chmod

❑ But

Manipulation de fichier.

❑ Syntaxe

int **chmod**(char *path, int pmode);

⇨ **char *path**: chemin d'accès ou nom du fichier.
⇨ **int pmode**: nouveau mode d'accès du fichier.

❑ Description

Change le mode d'écriture ou de lecture d'un fichier.

❑ Fichier Include

```
#include <io.h>
```

❑ Exemple

```
chmod("pgm.exe", S_READ);
```

❑ Remarques

Le mode d'accès des fichiers est exprimé par «pmode», dont les différentes valeurs sont les suivantes:

pmode	Signification
S_IWRITE	Ecriture seule.
S_READ	Lecture seule.
S_IREAD | S_IWRITE	Ecriture et lecture.

L'exécution normale de la fonction **chmod** renvoie la valeur «0», sinon la valeur d'erreur «-1». La variable globale ERRNO sera alors affectée par la valeur ENOENT pour indiquer que le chemin d'accès est invalide.

❑ Voir aussi les fonctions

ACCESS, FSTAT, STAT.

❑ Compatibilité

TURBO C	MSCT C	QUICK C	UNIX V	ANSI
1..2	*3..5*	*Oui*	*Oui*	*Non*

_chmod

❑ But

Manipulation de fichier.

❑ Syntaxe

int **_chmod**(char *pathname, int func, int attr);

⇨ **char *pathname**: chemin d'accès ou nom du fichier.

⇨ **int func**: opération à réaliser.
0 = Consulter les attributs.
1 = Modifier les attributs.

⇨ **int attr**: nouveaux attributs d'accès du fichier. Seulement dans le cas d'une modification de ceux-ci.

❑ Description

La fonction **_chmod** permet de changer tous les attributs d'un fichier ou de renvoyer la valeur de ses attributs courants.

❑ Fichier Include

```
#include <io.h>
        ou
#include <dos.h>
```

❑ Exemple

```
_chmod("file.dat", 1, FA_HIDDEN);
```

❑ **Remarques**

La fonction **_chmod** utilise l'interruption MS-DOS INT 43H permettant la modification des attributs d'un fichier.

Pour de plus amples informations concernant les différents types de fichiers sous MS-DOS, il est conseillé de lire le chapitre correspondant du manuel technique de MS-DOS.

Les différentes valeurs permettant de modifier les attributs sont les constantes ci dessous:

Constante	Signification
FA_RDONLY	Fichier uniquement en lecture. Impossible de l'ouvrir pour des opérations d'écriture.
FA_HIDDEN	Fichier caché. N'apparaît pas dans le répertoire.
FA_SYSTEM	Fichier système.
FA_LABEL	Correspond au nom du volume du disque.
FA_DIREC	Nom du sous-répertoire.
FA_ARCH	Fichier archive. La commande BACKUP de MS-DOS agira sur ce fichier.

Les fonctions équivalentes _dos_getfileatr et _dos_setfileatr ont comme constantes d'attributs les valeurs ci après:

Constante	Signification
_A_RDONLY	Idem à FA_RDONLY.
_A_HIDDEN	Idem à FA_HIDDEN.
_A_SYSTEM	Idem à FA_SYSTEM.
_A_VOLID	Idem à FA_LABEL.
_A_SUBDIR	Idem à FA_DIREC.
_A_ARCH	Idem à FA_ARCH.
_A_NORMAL	Fichier normal: écriture et lecture.

Pour modifier plusieurs attributs, il faut utiliser l'opérateur OR entre les constantes d'attributs.

L'exécution normale de la fonction **_chmod** renvoie la valeur des attributs courants du fichier, sinon la valeur d'erreur «-1». La variable globale ERRNO sera alors affectée soit par la valeur ENOENT pour indiquer que le chemin d'accès est invalide, soit par la valeur EACCESS pour indiquer que l'opération à exécuter est impossible.

❑ Voir aussi la fonction

CHMOD.

❑ Compatibilité

TURBO C	MSCT C	QUICK C	UNIX V	ANSI
1..2	*5*	*Equ*	*Non*	*Non*

❑ Equivalents

_dos_getfileatr

_dos_setfileatr

chsize

❑ But

Manipulation de fichier.

❑ Syntaxe

int **chsize**(int handle, long size);

⇨ **int handle**: identificateur du fichier.

⇨ **long size**: nouvelle longueur du fichier exprimée en octets.

❑ Description

La fonction **chsize** change la taille d'un fichier.

❑ Fichier Include

```
#include <io.h>
```

❑ Exemple

```
handle = open("file.dat", O_RDWR);
chsize(handle, 2048);
```

❑ Remarques

Dans le cas d'une augmentation de la taille d'un fichier, des caractères «nul» sont mis à la fin de celui-ci.

Dans le cas d'une réduction de taille d'un fichier, toutes les données après la nouvelle marque de fin de fichier seront perdues.

L'exécution normale de la fonction **chsize** renvoie la valeur «0», sinon la valeur d'erreur «-1». La variable globale ERRNO sera alors affectée par l'une des valeurs ci-dessous:

Constante	Signification de l'erreur
EACCESS	L'accès au fichier est refusé, le fichier est protégé contre l'écriture.
EBADF	Le fichier est en mode lecture ou alors l'identificateur ne fait pas référence à un fichier ouvert.
ENOSPC	Pas assez d'espace sur le disque pour l'augmentation de la taille du fichier.

❑ Voir aussi les fonctions

ACCESS, CHMOD, FSTAT, STAT.

❑ Compatibilité

TURBO C	MSCT C	QUICK C	UNIX V	ANSI
1..2	*3..5*	*Oui*	*Oui*	*Non*

_clear87

❑ But
Calcul mathématique.

❑ Syntaxe
unsigned int **clear87**(void);

❑ Description
Initialise le registre d'état de virgule flottante du coprocesseur 8087/80287 et retourne l'ancienne valeur de ce registre dans la structure de type «float».

❑ Fichier Include
```
#include <float.h>
```

❑ Exemple
```
status = _clear87();
```

❑ Voir aussi les fonctions
_CONTROL87, _STATUS87.

❑ Compatibilité

TURBO C	MSCT C	QUICK C	UNIX V	ANSI
1..2	*3..5*	*Oui*	*Non*	*Non*

cleardevice

❑ But

Dessin.

❑ Syntaxe

void far **cleardevice**(void);

❑ Description

Efface l'écran graphique et initialise la position active à l'origine (0,0).

❑ Fichier Include

```
#include <graphics.h>
```

❑ Exemple

```
cleardevice();
/* effacement de tout l'écran */
```

❑ Remarques

L'écran, après l'exécution de la fonction **cleardevice,** reprend sa couleur de fond (background) définie auparavant par SETBKCOLOR.
La position active est ramenée à l'origine (en haut à gauche) de l'écran actif.

❑ Voir aussi les fonctions

CLEARVIEWPORT, SETBKCOLOR,
SETVIEWPORT.

❑ Compatibilité

TURBO C	MSCT C	QUICK C	UNIX V	ANSI
1..2	*5*	*Equ*	*Non*	*Non*

❑ Equivalent

_clearscreen

clearerr

❑ But

Entrée-sortie

❑ Syntaxe

void **clearrerr**(FILE *stream);

⇨ **FILE *stream**: pointeur sur la structure FILE associée au fichier.

❑ Description

La fonction **clearrerr** réinitialise l'indicateur d'erreur ainsi que l'indicateur de fin de fichier.

❑ Fichier Include

```
#include <stdio.h>
```

❑ Exemple

```
clearrerr(file_stream);
```

❑ Remarques

Cette fonction permet de réinitialiser, dans la structure FILE, les indicateurs de fin de fichier et d'erreur.

Ces indicateurs sont réinitialisés uniquement par l'intermédiaire de cette fonction. Les fonctions FERROR et FEOF permettent de tester ces indicateurs.

❑ Voir aussi les fonctions

FERROR, FEOF.

❑ Compatibilité

TURBO C	MSCT C	QUICK C	UNIX V	ANSI
1..2	*3..5*	*Oui*	*Oui*	*Oui*

clearviewport

❑ But

Dessin.

❑ Syntaxe

void far **clearviewport**(void);

❑ Description

Effacement de la fenêtre graphique active. La position active est ramenée à l'origine de la fenêtre graphique (en haut à gauche).

❑ Fichier Include

```
#include <graphics.h>
```

❑ Exemple

clearviewport();

❑ Remarques

Cette fonction efface la fenêtre active en l'affectant de la couleur de fond («background»).

Les possibilités de **clearviewport** d'effacer sélectivement une portion de l'écran font que cette commande est surtout utilisée dans la programmation des menus déroulants.

❑ Voir aussi les fonctions

CLEARDEVICE, SETBKCOLOR, SETVIEWPORT.

❑ Compatibilité

TURBO C	MSCT C	QUICK C	UNIX V	ANSI
1,5...2	*5*	*Non*	*Non*	*Non*

clock

❑ But

Date-temps.

❑ Syntaxe

clock_t **clock**(void);

❑ Description

Mesure du temps.

❑ Fichier Include

```
#include<time.h>
```

❑ Exemple

```
nombre_unite = clock();
```

❑ Remarque

Cette fonction exprime le temps utilisé par le microprocesseur lors de l'exécution d'un processus.

clock retourne une valeur correspondant à un nombre d'unités (ticks en anglais). Pour exprimer ce nombre d'unités en secondes, il faut utiliser la constante CLK_TCK.

❑ Voir aussi les fonctions

DIFFTIME, TIME.

❑ Compatibilité

TURBO C	MSCT C	QUICK C	UNIX V	ANSI
2	*5*	*Oui*	*Non*	*Oui*

close / _close

❑ But

Entrée - sortie.

❑ Syntaxe

int **close**(int handle);

⇨ **int handle**: identificateur du fichier.

❑ Description

La fonction **close** ferme le fichier associé à l'identificateur du fichier(«handle»). Cet identificateur est une valeur entière (integer), précédemment retournée par l'exécution de la fonction OPEN.

❑ Fichier Include

```
#include <io.h>
```

❑ Exemple

```
close(ident_file);
```

❑ Remarques

close, en fermant un fichier texte (ouvert en mode écriture), ajoute une marque de fin de fichier logique «CTRL-Z».

L'exécution normale de la fonction **close** retourne la valeur «0», sinon la valeur d'erreur «-1». La variable globale ERRNO sera alors affectée par la constante EBADF, indiquant un identificateur de fichier invalide.

❑ Voir aussi les fonctions

OPEN, FOPEN.

❑ Compatibilité

TURBO C	MSCT C	QUICK C	UNIX V	ANSI
1..2	*3..5*	*Oui*	*Oui*	*Non*

clrscr

❑ But

Mode texte.

❑ Syntaxe

void **clrscr**(void);

❑ Description

Effacе la fenêtre (mode texte) et positionne le curseur à l'origine, en haut à gauche (1,1). La fenêtre est affectée de la couleur de fond («background»).

❑ Fichier Include

```
#include <conio.h>
```

❑ Exemple

```
clrscr();
```

❑ Remarque

Les possibilités de **clrscr** d'effacer sélectivement une portion de l'écran (en mode texte) font que cette commande est surtout utilisée dans la programmation des menus déroulants et des zones de dialogues.

❑ Voir aussi la fonction

WINDOW.

❑ Compatibilité

TURBO C	MSCT C	QUICK C	UNIX V	ANSI
1,5..2	*5*	*Equ*	*Non*	*Non*

❑ Equivalent

_clearscreen

_control87

❑ But

Calcul mathématique.

❑ Syntaxe

unsigned int **_control87**(unsigned new,
unsigned mask);

⇨ **unsigned new**: nouveaux bits du mot à changer.
⇨ **unsigned mask:** masque indiquant quels bits du mot sont à changer.

❑ Description

Gestion du mot de contrôle (control word) en virgule flottante.

❑ Fichier Include

```
#include <float.h>
```

❑ Exemple

```
status = _control87(PC_24, MCW_PC);
/*          24 bits précision          */
```

❑ Voir aussi les fonctions

_STATUS87, CLEAR87.

❑ Compatibilité

TURBO C	MSCT C	QUICK C	UNIX V	ANSI
1..2	*4..5*	*Oui*	*Non*	*Non*

cos

❑ But

Calcul mathématique.

❑ Syntaxe

double **cos**(double x);

⇨ **double x**: angle exprimé en radians.

❑ Description

La fonction **cos** retourne le cosinus de l'expression spécifiée.

❑ Fichier Include

```
#include <math.h>
```

❑ Exemple

```
angle_cos = cos(angle_radian);
```

❑ Voir aussi les fonctions

ACOS, SIN, TAN.

❑ Compatibilité

TURBO C	MSCT C	QUICK C	UNIX V	ANSI
1..2	*3..5*	*Oui*	*Oui*	*Oui*

cosh

❑ But
Calcul mathématique.

❑ Syntaxe
double **cosh**(double x);

❑ Description
Retourne le cosinus hyperbolique

❑ Fichier Include
```
#include <math.h>
```

❑ Exemple
```
result = cosh(x);
```

❑ Remarque
Si la valeur du cosinus hyperbolique est trop grande, la fonction **cosh** retourne la valeur HUGE_VAL et affecte la variable globale ERRNO avec la constante ERANGE.

❑ Voir aussi la fonction
SINH.

❑ Compatibilité

TURBO C	MSCT C	QUICK C	UNIX V	ANSI
1..2	*3..5*	*Oui*	*Oui*	*Oui*

cprintf

❑ But

Entrée-sortie.

❑ Syntaxe

int **cprintf**(const char *format_string, ...);

⇨ **const char *format_string:** chaîne décrivant le format à utiliser pour l'impression.
⇨ ....: représente les articles à imprimer.

❑ Description

La fonction **cprintf** imprime à l'écran des données formatées.

cprintf est identique à PRINTF; la différence entre ces deux fonctions est que PRINTF imprime sur ST-DOUT.

❑ Fichier Include

```
#include <conio.h>
```

❑ Exemple

```
cprintf("Chaîne %s Numéro %d\n", str,
10);
```

❑ Remarques

cprintf retourne le nombre de caractères imprimés à l'écran. La chaîne «format_string» peut contenir un nombre quelconque d'arguments.

La spécification du format a la syntaxe suivante:

%[Indicateur] [Largeur] [Précision] [F/N/h/l] [Type]

où: les [ ] indiquent un argument optionnel;
le / signific une seule sélection possible.

- L'**indicateur** est composé des caractères « - », « + », « # », « espace » dans n'importe quel ordre, possibilité d'un ou plusieurs indicateurs.
- La **largeur** indique combien de caractères au minimum sont à imprimer. Ajout possible de zéros ou de blancs. Les arguments de la largeur sont identiques à ceux de la précision.
- La **précision** indique combien de caractères au maximun sont à imprimer. Avec l'utilisation d'articles à imprimer de types entiers, la précision dans ce cas est le nombre minimum de chiffres.
- La **taille** (F/N/h/l) redéfinit le type des données, différenciant les entiers courts des entiers longs, les pointeurs «near» des pointeurs «far».

«Indicateur»	Signification
« - »	Justification à gauche. Les espaces de droite inutilisés sont remplis par des blancs. Si cet identificateur est omis (valeur par défaut), la justification du caractère sera à droite.
« + »	Si la donnée a imprimer est numérique, elle sera toujours précédée de son signe (plus ou moins). Si cet identificateur est omis, le signe n'apparaîtra que si le nombre est négatif.
«espace»	Si le nombre est positif, le signe plus ne sera pas représenté. Si le nombre est négatif, son signe apparaît. Si l'indicateur « + » est précisé dans la syntaxe d'un format, l'action de l'indicateur «espace» sera ignoré.
« # »	Cet indicateur est surtout utilisé si le point décimal ou si des zéros doivent apparaître. En fonction du type précisé, l'indicateur «#» aura différentes conséquences sur les formats d'impression.

«Type»	Si indicateur «#» positionné
o	0 précédera les valeurs positives.
x, X	0x ou 0X précédera les valeurs positives.
e, E, F	Le point décimal sera imprimé, même s'il n'y a pas de partie décimale.
g, G	Impression du point décimal. Aucun zéro après le point décimal ne sera supprimé.
c, s, d, i, u	Aucun effet.

«Précision»	Signification
aucun	La précision par défaut dépend du type utilisé.
1	Pour %d, %i, %o, %u, %x, %X.
6	Pour %e, %E, %F.
tous chiffres	Pour %g et %G.
tous caractères	Jusqu'à la rencontre de NUL pour %s.
« **.0** »	Pour les types %d, %i, %o, %u, %x, %X la précision est la précision par défaut du type. Pour %e, %E, %F, les chiffres après la virgule ne seront pas imprimés.
« **.n** »	Les «n» chiffres ou caractères seront affichés et associés à des zéros ou à des blancs à gauche si nécessaire. Inversement, les chaînes seront tronquées et les valeurs numériques arrondies si nécessaire.
« * »	La précision est spécifiée comme un paramètre variable avant l'argument de la précision.

«Taille»	Signification
« **F** »	Far pointer. Affecte l'argument pointeur comme «far». Utilisé seulement avec les types %p, %n, %s.
« **N** »	Near pointer. Affecte l'argument pointeur comme «near». Utilisé seulement avec les types %p, %n, %s.
« **h** »	Utilisé avec les types %d, %i, %o, %u, %x, %X comme «short int».
« **l** »	Utilisé avec les types %d, %i, %o, %u, %x, %X comme «long int». Avec les types %e, %E, %f, %F, %g, %G il agira comme «long double».

«Type»	Signification
« c »	Caractère (char). Un seul caractère ASCII. Ex.: J.
« d »	Entier (int). Avec le signe.
« e »	Réel (double ou float). Notation scientifique: [-]X.XXXX e [+/-]XXX.
« E »	Réel (double ou float). Notation scientifique: [-]X.XXXX E [+/-]XXX.
« f »	Réel (double ou float). [-]X...X.XXXXXX.
« g »	Réel (double ou float).
« G »	Réel (double ou float).
« i »	Entier (int). Avec le signe. Dépend des indicateurs.
« n »	int.
« o »	Entier (unsigned). Octal sans signe.
« p »	Pointeur. (far pointer to void).
« s »	*char. Imprime la chaîne de caractères jusqu'à la fin de la chaîne ou jusqu'à la marque zéro (nul).
« u »	Entier (unsigned).
« x »	Entier (unsigned). Hexadécimal minuscule sans signe. Ex.: abcdef.
« X »	Entier (unsigned). Hexadécimal majuscule sans signe. Ex.: ABCDEF.

❑ Voir aussi la fonction

PRINTF.

❑ Compatibilité

TURBO C	MSCT C	QUICK C	UNIX V	ANSI
1..2	*3..5*	*Oui*	*Non*	*Non*

cputs

❑ But

Entrée-sortie.

❑ Syntaxe

int **CPUTS**(const char *string);

⇨ **char *string**: chaîne de caractères.

❑ Description

La fonction **cputs** affiche à l'écran une chaîne de caractères terminée par NUL. **cputs** n'ajoute pas de caractère d'interligne après l'impression.

❑ Fichier Include

```
#include <conio.h>
```

❑ Exemple

```
cputs("MESSAGE A L'ECRAN");
```

❑ Remarque

La fonction **cputs** imprime sur STDOUT.

❑ Voir aussi la fonction

CGETS.

❑ Compatibilité

TURBO C	MSCT C	QUICK C	UNIX V	ANSI
1..2	*3..5*	*Oui*	*Non*	*Non*

creat

❑ But

Entrée-sortie.

❑ Syntaxe

int **creat**(const char *filename, int pmode);

⇨ **const char *filename**: nom de fichier avec son chemin d'accès.

⇨ **int pmode:** mode d'accès du fichier.

❑ Description

creat crée un nouveau fichier ou réécrit sur le fichier existant.

❑ Fichier Include

```
#include <io.h>
       ou
#include <dos.h>
       ou
#include <sys\stat.h>
```

❑ Exemple

```
file_handler = creat("C:\file.dat ",
S_READ);
```

❑ Remarques

Le mode d'accès des fichiers est exprimé par «pmode» dont les différentes valeurs sont les suivantes:

pmode	Signification
S_IWRITE	Ecriture seule.
S_READ	Lecture seule.
S_IREAD | S_IWRITE	Ecriture et lecture.

La fonction **creat** vérifie d'abord l'existence du fichier filename.
Si ce fichier existe, **creat** réécrit sur le fichier en détruisant les anciennes données de celui-ci. Sinon, un nouveau fichier sera crée.
Si l'argument filename ne comporte pas de chemin d'accès, le nouveau fichier sera dans le répertoire courant.
creat retourne en cas de succès l'identificateur de fichier (File Handler) ou retourne la valeur «-1» en cas d'erreur et affecte la variable globale ERRNO par l'une des valeurs suivantes:

EACCESS	Accès refusé. Le nom de fichier de l'argument («filename») correspond à un fichier dont l'accès est en lecture seule.
EMFILE	Trop de fichiers ouverts simultanément.
ENOEN	Le fichier ou le chemin d'accès est inexistant

❑ Voir aussi les fonctions

OPEN, UMASK.

❑ Compatibilité

TURBO C	MSCT C	QUICK C	UNIX V	ANSI
1..2	*3..5*	*Oui*	*Oui*	*Non*

_creat

❑ But

Appel système.

❑ Syntaxe

int **_creat**(const char *filename, int attr);

⇨ **const char*filename:** nom du fichier contenant son chemin d'accès.

⇨ **int attr:** attribut du fichier.

❑ Description

_creat crée un nouveau fichier ou réécrit sur le fichier existant en utilisant l'interruption MS-DOS INT 3CH. Cette fonction est beaucoup plus souple à l'utilisation que l'interruption MS-DOS INT 3CH.

❑ Fichier Include

```
#include <io.h>
        ou
#include <dos.h>
```

❑ Exemple

```
file_handler = _creat("C\TMP\file.dat",
FA_RDONLY);
```

❑ Remarques

Les différentes valeurs de l'argument «attr» sont les constantes ci-après:

Constante	Signification
FA_RDONLY	Fichier uniquement en lecture. Impossible de l'ouvrir pour des opérations d'écriture.
FA_HIDDEN	Fichier caché. N'apparaît pas dans le répertoire.
FA_SYSTEM	Fichier système.
FA_LABEL	Correspond au nom du volume du disque.
FA_DIREC	Nom du sous-répertoire.
FA_ARCH	Fichier archive. La commande BACKUP de MS-DOS agira sur ce fichier.

creat retourne en cas de succès l'identificateur de fichier (File Handler) ou retourne la valeur «-1» en cas d'erreur et affecte la variable globale ERRNO par l'une des valeurs suivantes:

EACCESS	Accès refusé. Le nom de fichier de l'argument («filename») correspond à un fichier dont l'accès est en lecture seulement.
EMFILE	Trop de fichiers ouverts simultanément.
ENOEN	Le fichier ou le chemin d'accès est inexistant.

❑ Voir aussi les fonctions

_CLOSE, CREAT.

❑ Compatibilité

TURBO C	MSCT C	QUICK C	UNIX V	ANSI
1..2	*5*	*Equ*	*Non*	*Non*

❑ Equivalent

_dos_creat

cscanf

❑ But

Entrée-sortie.

❑ Syntaxe

int **cscanf**(char *format [argument, ...]);

⇨ **char *format [argument,...]**: format d'entrée.
⇨ **...**: nombre variable d'arguments représentant les pointeurs des variables d'entrées.

❑ Description

La fonction **cscanf** est utilisée pour lire des caractères directement au clavier.
cscanf convertit ces données dans leurs formats respectifs (format d'entrée).
Voir la fonction SCANF pour les différents formats d'entrées.

❑ Fichier Include

```
#include <conio.h>
```

❑ Exemple

```
nb_champs_lu = cscanf("%d %d", &Var1,
&Var2);
```

❑ Remarques

cscanf retourne le nombre de champs d'entrée qui ont été correctement lus, convertis dans leurs formats et affectés à leurs variables. **cscanf** ne compte pas les éléments lus au clavier et non affectés à leurs variables.

En cas de fin de lecture, la fonction **cscanf** envoie le caractère EOF.

❑ Voir aussi les fonctions

SCANF, SCANF, SSCANF.

❑ Compatibilité

TURBO C	MSCT C	QUICK C	UNIX V	ANSI
1..2	*3..5*	*Oui*	*Non*	*Non*

ctime

❑ But

Date-temps.

❑ Syntaxe

char ***ctime**(const time_t *time);

⇨ **const time_t *time**: pointeur sur la variable contenant l'heure à convertir.

❑ Description

Conversion d'une heure de type «time_t» en une chaîne de caractères. L'utilisation de la fonction **ctime** doit être précédée par un appel de TIME.

❑ Fichier Include

```
#include <time.h>
```

❑ Exemple

```
#include <time.h>
 Main()
 {
 time_t seconds;
 time(&seconds);
 printf("%s", ctime(&seconds));
 }

Nous aurons après l'exécution de ce
programme:
                 Sat Nov 05 23:34:52 1989
```

❑ Remarque

La longueur de la chaîne de caractères en sortie de la fonction **ctime** est de 26 caractères.

❑ Voir aussi les fonctions

ASCTIME, TIME, LOCALTIME.

❑ Compatibilité

TURBO C	MSCT C	QUICK C	UNIX V	ANSI
1..2	*3..5*	*Oui*	*Oui*	*Oui*

detectgraph

❑ But

Mode graphique.

❑ Syntaxe

void far **detecgraph**(int far *graphdriver,
int far *graphmode);

⇨ **int far *graphdriver:** pointeur sur le numéro du driver graphique.
⇨ **int far *graphmode:** pointeur sur le numéro du mode graphique.

❑ Description

detectgraph retourne l'environnement vidéo.

❑ Fichier Include

```
#include <graphics.h>
```

❑ Exemple

```
detectgraph(&graph_driver,
&graph_mode);
```

❑ Remarques

detectgraph teste la configuration matérielle et détermine l'adaptateur graphique et le mode graphique (pour obtenir la meilleure résolution).

Généralement, **detectgraph** est appelé par la fonction INITGRAPH. Dans ce cas, si la constante DETECT est spécifiée comme argument d'INITGRAPH,

DETECT retourne l'environnement vidéo. Un code retour ayant pour valeur «-2» sera renvoyé, si le mode vidéo n'est compatible avec aucun des adaptateurs graphiques.

Si la fonction **detectgraph** est appelée directement par l'utilisateur, on peut alors changer le mode graphique et l'adaptateur graphique du système.

Les différents modes vidéo et les adaptateurs graphiques sont les suivants en C:

CGAC0	320 x 200	palette 0	1-Page CGA
CGAC1	320 x 200	palette 1	1-Page CGA
CGAC2	320 x 200	palette 2	1-Page CGA
CGAC3	320 x 200	palette 3	1-Page CGA
CGAHI	640 x 200	2 couleurs	1-Page CGA
MCGAC0	320 x 200	palette 0	1-Page MCGA
MCGAC1	320 x 200	palette 1	1-Page MCGA
MCGAC	320 x 200	palette 2	1-Page MCGA
MCGAC3	320 x 200	palette 3	
MCGAMED	640 x 200	2 couleurs	1-Page MCGA
MCGAH	640 x 480	2 couleurs	1-Page MCGA
EGALO	640 x 200	16 couleurs	4-Pages EGA
EGAHI	640 x 350	16 couleurs	2-Pages EGA
EGA64LO	640 x 200	16 couleurs	1-Page EGA
EGA64HI	640 x 350	4 couleurs	1-Page EGA
EGAMONOHI	640 x 350	256k mém. vid.	4-Pages EGA
HERCMONOHI	720 x 348		2-Page HERC.
ATT400C0	320 x 200	palette 0	1-Page AT&T
ATT400C1	320 x 200	palette 1	1-Page AT&T
ATT400C2	320 x 200	palette 2	1-Page AT&T
ATT400C3	320 x 200	palette 3	1-Page AT&T
ATT400MED	400 x 200		1-Page AT&T
ATT400HI	640 x 400		1-Page AT&T
VGALO	640 x 200	16 couleurs	4-Pages VGA
VGAMED	640 x 350	16 couleurs	2-PagesVGA
VGAHI	640 x 480	16 couleurs	1-Page VGA
PC3270HI	720 x 350		1-Page PC3270
IBM8514LO	640 x 480	256 couleurs	IBM 8514
IBM8515HI	1024 x 768	256 couleurs	IBM 8514

❑ Compatibilité

TURBO C	MSCT C	QUICK C	UNIX V	ANSI
1,5..2	*5*	*Equ*	*Non*	*Non*

❑ Equivalent

_getvideoconfig

difftime

❑ But

Date-temps.

❑ Syntaxe

double **difftime**(time_t time2, time_t time1);

⇨ **time_t time2:** valeur de temps à laquelle sera déduite «time1».

⇨ **time_t time1:** valeur qui sera soustraite à la valeur de «time2».

❑ Description

difftime calcule la différence entre deux temps (chacun de type «time_t»).

❑ Fichier Include

```
#include <time.h>
```

❑ Exemple

```
seconds_used = difftime(oldtime, new-
time);
```

❑ Voir aussi la fonction

TIME.

❑ Compatibilité

TURBO C	MSCT C	QUICK C	UNIX V	ANSI
1..2	*3..5*	*Oui*	*Oui*	*Oui*

disable

❑ But

Appel système.

❑ Syntaxe

void **disable**(void);

❑ Description

La fonction **disable** interdit toutes les interruptions à l'exception des interruptions non masquables (NMI). **disable** correspond à l'instruction machine CLI.

❑ Fichier Include

```
#include <dos.h>
```

❑ Exemple

```
disable();
```

❑ Remarques

disable ne renvoie pas de code retour. L'utilisation de cette fonction doit se faire avec précaution et la connaissance des mécanismes d'interruptions est recommandée avant d'utiliser **disable**.

disable ne doit être activée que pendant de brèves périodes car, par exemple, l'horloge interne utilise les interruptions pour sa mise à jour. Pour autoriser à nouveau les interruptions, utilisez la fonction ENABLE (fonction correspondant à l'instruction machine STI).

❑ Voir aussi la fonction
ENABLE.

❑ Compatibilité

TURBO C	MSCT C	QUICK C	UNIX V	ANSI
1..2	*3..5*	*Equ*	*Non*	*Non*

❑ Equivalent
_disable

div

❑ But

Calcul mathématique.

❑ Syntaxe

div_t **div**(int numer, int denomi);

❑ Description

La fonction **div** divise le numérateur («numer») par le dénominateur («denomi»). **div** retourne dans une structure de type «div_t» le quotient et le reste.

❑ Fichier Include

```
#include <stdlib.h>
```

❑ Exemple

```
result = div(32,5);
/* result.quot= 6 and result.rem = 2 */
```

❑ Remarque

La structure «div_t» est définie dans le fichier stdlib.h de la manière suivante:

```
typedef struct {

int quot;  /* Quotient    */
int rem;   /* Reste       */

} div_t;
```

❑ Voir aussi la fonction

LDIV.

❑ Compatibilité

TURBO C	MSCT C	QUICK C	UNIX V	ANSI
1..2	*5*	*Oui*	*Non*	*Non*

dosexterr

❑ But

Appel système.

❑ Syntaxe

int **dosexterr**(struct DOSERR *errinfo);

⇨ **struct DOSERR *errinfo:** pointeur sur la structure contenant les caractéristiques de l'erreur.

❑ Description

La fonction **dosexterr** retourne toutes les caractéristiques de la dernière erreur survenue lors d'un appel de fonction de type MS-DOS. Cette fonction ne fonctionne que sous une version MS-DOS supérieure ou égale à 3.0.

❑ Fichier Include

```
#include <dos.h>
```

❑ Exemple

```
resultat = dosexterr(&errinfo);
```

❑ Remarques

dosexterr utilise l'interruption MS-DOS INT 59H.

Les différentes caractéristiques d'une erreur sont contenues dans la structure DOSERROR et définies de la manière suivante dans le fichier include dos.h:

```
struct DOSERROR
{
int exterror; /*code erreur étendu   */
char class;   /*classe de l'erreur   */
char action;  /*action recommandée   */
char locus;   /*localisation probable*/
}
```

Les codes d'erreurs étendus sont pour la fonction **dosexterr** les suivants:

Valeur de exterror (Hexa)	Signification
0	Pas d'erreur pendant l'exécution de la fonction MS-DOS.
1	Numéro de fonction invalide.
2	Fichier non trouvé.
3	Chemin d'accès non trouvé.
4	Trop de fichiers ouverts simultanément.
5	Accès refusé.
6	Contrôleur de fichier invalide.
7	Blocs de contrôle mémoire détruits.
8	Mémoire insuffisante.
9	Adresse de blocs mémoires invalide.
A	Environnement invalide.
B	Format invalide.
C	Code d'accès invalide.
D	Données invalides.
E	Réservé.
F	Lecteur de disque invalide.
10	Tentative de supprimer un chemin d'accès.
11	Contrôleur différent.
12	Plus de fichiers.
13	Disquette protégée en écriture.
14	Périphérique inconnu.
15	Unité de disquette pas prête.

Valeur de exterror (Hexa)	Signification (suite)
16	Commande inconnue.
17	Erreur de «CRC» dans les données.
18	Bad Request Structure Length.
19	Erreur de recherche ou de positionnement.
1A	Support d'information inconnu.
1B	Secteur non trouvé.
1C	Plus de papier dans l'imprimante.
1D	Erreur d'écriture.
1E	Erreur de lecture.
1F	Incident général.
20	Sharing Violation.
21	Lock Violation.
22	Changement de disque invalide.
23	«FCB» (File Control Block) invalide.
24 - 4F	Réservé.
50	Fichier déjà existant.
51	Réservé.
52	Impossibilité de créer un répertoire.
53	Incident pendant l'exécution d'une routine de gestion d'erreur (int 24h). (Critical Error)

dosexterr retourne la valeur du champ «exterror» de la structure DOSERROR en sortie.

❑ Voir aussi la fonction

PERROR.

❑ Compatibilité

TURBO C	MSCT C	QUICK C	UNIX V	ANSI
1..2	*3..5*	*Oui*	*Non*	*Non*

dup

❑ But

Entrée-sortie.

❑ Syntaxe

int **dup**(int handle);

⇨ **int handle:** identificateur d'un fichier ouvert.

❑ Description

La fonction **dup** duplique l'identificateur d'un fichier déjà ouvert.

❑ Fichier Include

```
#include <io.h>
```

❑ Exemple

```
new_handle = dup(file_handle);
```

❑ Remarques

La duplication d'un identificateur de fichier par **dup** est considérée comme un nouveau fichier. Attention à la limite des 20 fichiers imposée par MS-DOS.

dup retourne la valeur «-1» en cas d'erreur en affectant la variable globale ERRNO par l'une des deux valeurs ci-dessous:

- **EMFILE**: trop de fichiers ouverts.
- **EBADF**: identificateur de fichier invalide.

En cas de succès, **dup** retourne comme valeur l'identificateur du fichier.

❑ Voir aussi les fonctions

OPEN, CREAT.

❑ Compatibilité

TURBO C	MSCT C	QUICK C	UNIX V	ANSI
1..2	*3..5*	*Oui*	*Oui*	*Non*

dup2

❑ But

Entrée-sortie.

❑ Syntaxe

int **dup2**(int source_handle, int target_handle);

⇨ **int source_handle:** identificateur du fichier source.

⇨ **int target_handle:** identificateur du fichier cible.

❑ Description

La fonction **dup2** force la copie de l'identificateur («target_handle») du fichier cible par l'identificateur («source_target») du fichier source.

❑ Fichier Include

```
#include <io.h>
```

❑ Exemple

```
dup2(file1_handle, file2_handle);
```

❑ Remarques

Si l'identificateur («target_handle») désigne un fichier déjà ouvert, ce fichier sera alors fermé et l'identificateur («target_handle») prendra alors pour valeur l'identificateur du fichier source («source_target»).

dup2 retourne la valeur «-1» en cas d'erreur en affectant la variable globale ERRNO par l'une des deux valeurs ci-dessous:

- **EMFILE**: trop de fichiers ouverts.
- **EBADF**: identificateur («source_target») du fichier source invalide.

En cas de succès **dup2,** retourne comme valeur «0».

❑ Voir aussi les fonctions

OPEN, CREAT.

❑ Compatibilité

TURBO C	MSCT C	QUICK C	UNIX V	ANSI
1..2	*3..5*	*Oui*	*Oui*	*Non*

ecvt

❑ But

Conversion de données.

❑ Syntaxe

char *ECVT(double value, int count, int *dec,
int *sign)

- ⇨ **value:** nombre de type virgule flottante à convertir.
- ⇨ **count:** indique le nombre de bits à stocker.
- ⇨ **dec:** indique en quelle position sera placé le point décimal dans la chaîne.
- ⇨ **sign:** indique la valeur du signe: «0» si value est positif, « -1» si négatif.

❑ Description

La fonction **ecvt** convertit un nombre de type virgule flottante en une chaîne de caractères.

❑ Fichier Include

```
#include <stdlib.h>
```

❑ Exemple

```
str = ecvt(664.332, 7, &dec, &sign);
```

❑ Remarques

ecvt retourne l'adresse du début de la zone où est stockée la chaîne.

ecvt assigne la position du point décimal dans la variable «int*dec». Si lors du prochain appel de la fonction **ecvt**, la chaîne de caractères n'est pas stockée à un autre endroit mémoire, elle sera détruite.

❑ Voir aussi les fonctions

ATOF, FCVT, GCVT,
ITOA, LTOA, ULTOA.

❑ Compatibilité

TURBO C	MSCT C	QUICK C	UNIX V	ANSI
1..2	*3..5*	*Oui*	*Oui*	*Non*

ellipse

❑ **But**

Dessin.

❑ **Syntaxe**

void far **ellipse**(int x, int y, int angle_deb,
int angle_fin, int xray, int yray);

⇨ **int x, y:** coordonnées du centre.
⇨ **int angle_deb:** angle de début de l'ellipse.
⇨ **int angle_fin:** angle de fin de l'ellipse.
⇨ **int xray:** longueur de l'axe horizontal de l'ellipse.
⇨ **int yray:** longueur de l'axe vertical de l'ellipse.

❑ **Description**

La fonction **ellipse** dessine un arc d'ellipse ou une ellipse complète, utilisant la couleur de tracé active.

❑ **Fichier Include**

```
#include <graphics.h>
```

❑ **Exemple**

```
ellipse(100, 100, 0, 45, 50, 35);
```

❑ **Remarque**

Pour le tracé d'une ellipse complète, il suffit de préciser des angles de 0 à 359 degrés.

❑ Voir aussi les fonctions
ARC, FLOODFILL, SETCOLOR.

❑ Compatibilité

TURBO C	MSCT C	QUICK C	UNIX V	ANSI
1..2	*5*	*Equ*	*Non*	*Non*

❑ Equivalent

_ellipse

enable

❑ But

Appel système.

❑ Syntaxe

void **enable**(void);

❑ Description

La fonction **enable** permet la prise en compte des interruptions. La fonction **enable** devra être appelée après l'exécution de la fonction DISABLE.

❑ Fichier Include

```
#include <dos.h>
```

❑ Exemple

```
enable();
```

❑ Remarques

enable est la fonction inverse de la fonction DISABLE. **enable** correspond à l'instruction machine STI.

❑ Voir aussi la fonction

DISABLE.

❑ Compatibilité

TURBO C	MSCT C	QUICK C	UNIX V	ANSI
1..2	*5*	*Equ*	*Non*	*Non*

❑ Equivalent

_enable

eof

❑ But

Entrée-sortie.

❑ Syntaxe

int **eof**(int handle);

⇨ **int handle:** identificateur du fichier.

❑ Description

La fonction **eof** permet de détecter si la fin du fichier est atteinte.

❑ Fichier Include

```
#include <io.h>
```

❑ Exemple

```
if eof(file_handle)!= 0)
  printf("Fin de fichier\n");
```

❑ Remarque

eof retourne la valeur «1» si la position courante du pointeur de fichier est à la fin du fichier, sinon la valeur «0». En cas d'erreur, la fonction **eof** renvoie «-1» en initialisant la variable globale ERRNO par la constante EBADF (identificateur non autorisé).

❑ Voir aussi les fonctions

FEOF, FERROR.

❑ Compatibilité

TURBO C	MSCT C	QUICK C	UNIX V	ANSI
1..2	*3..5*	*Oui*	*Non*	*Non*

exec...

❑ **But**

Gestion de processus.

❑ **Syntaxe**

✦ int **execl**(char *path, char *arg0, char *arg1, ..., NULL);

✦ int **execle**(char *path, char *arg0, char *arg1, ..., NULL, char *envp[]);

✦ int **execlp**(char *path, char *arg0, char *arg1, ..., NULL);

✦ int **execlpe**(char *path, char *arg0, char *arg1, ..., NULL); char *envp[]);

✦ int **execv**(char *path, char *argv[]);

✦ int **execve**(char *path, char *argv[], char *envp[])

✦ int **execvp**(char *path, char *argv[]);

✦ int **execvpe**(char *path, char *argv[], char *envp[])

⇨ **char*path:** nom du fichier à charger comme processus fils. Le nom est régi suivant les règles syntaxiques de MS-DOS.

⇨ **char*arg0,.., NULL:** liste des paramètres du processus fils. Il faut faire suivre le dernier argument par NULL (fin de la liste).

⇨ **char*argv[]:** tableau contenant les différents paramètres relatifs aux arguments du processus fils.

⇨ **char*envp[]:** tableau contenant les paramètres de l'environnement.

❑ **Description**

Chargement et lancement d'autres programmes (processus fils). L'exécution du processus fils efface le processus parent de la mémoire (Overwrite). Les fichiers restés ouverts avant l'appel de l'une des fonctions **exec..** pourront être utilisés dans l'environnement du processus fils.
Les fonctions **exec..** sont associées avec les suffixes suivants:

✧ Options obligatoires: «L» ou «V»

L	Les arguments seront communiqués au processus fils séparément. Les arguments «Arg0,...,Argn» sont listés les uns après les autres. Le pointeur NULL doit indiquer la fin des arguments. Cette option est utilisée lorsque le nombre des arguments est connu d'avance.
V	Les arguments ici, à l'inverse de l'option «L», sont sous la forme d'un tableau de chaînes de caractères. La fin du tableau doit être indiquée par NULL. Le tableau sera passé comme argument au processus fils grâce au pointeur «Argv» lors de l'utilisation de la fonction exec... Cette option est à conseiller lorsque le nombre des paramètres à transmettre est variable.

✧ Options facultatives: «E» ou «P» ou «PE»

E	L'environnement du processus fils peut re-voir une modification grâce à l'argument «envp» . Sans ce paramètre, le processus fils travaillera dans le même environnement que le processus parent. La fin du tableau contenant les définitions des variables de l'environnement doit être indiquée par NULL.
P	Recherche le processus fils dans le PATH par COMMAND.COM. Le processus fils doit être présent dans un des chemins spécifiés par le PATH.
PE	Association des deux options ci-dessus.

❑ Fichier Include

```
#include <process.h>
```

❑ Exemple

```
#include <process.h>
#include <stdio.h>

Main()
 {
static char*env[] = {"A=PGM", "B=FILE",
NULL};
execle("PGM.EXE", "TEST", NULL, env);
 }
```

❑ Remarques

Lorsque la fonction **exec..** est correctement exécutée, le processus parent est effacé de la mémoire. Elle est utilisée pour chaîner deux programmes (pas de possibilité de retour au programme parent).

En cas d'erreur, le code retour est «-1». La variable globale ERRNO est affectée par une constante d'erreur.

❑ **Voir aussi les fonctions**
ABORT, ATEXIT, EXIT, -EXIT, SEARCHPATH,SYSTEM, SPAWN.

❑ **Compatibilité**

TURBO C	MSCT C	QUICK C	UNIX V	ANSI
1..2	*4..5*	*Oui*	*Oui*	*Non*

exit

❑ But

Gestion de processus.

❑ Syntaxe

void **exit**(int status);

⇨ **status:** valeur retournée par **exit.**

❑ Description

Termine le programme en cours. Appelle toutes les fonctions définies par ATEXIT. Vide les tampons (buffers) des fichiers et ferme tous les fichiers avant de quitter le processus. La fonction **exit** redonne le contrôle soit au MS-DOS, soit au processus appelant.

❑ Fichier Include

```
#include <stdlib.h>
       ou
#include <process.h>
```

❑ Exemple

```
exit(0);
```

❑ Remarques

La valeur de «Status» est égale à zéro si le processus se termine sans erreur. L'instruction MS-DOS (IF ERROR LEVEL) permet de tester la valeur de «Status» lors d'un appel de la fonction **exit**.

❑ Voir aussi les fonctions

ABORT, ATEXIT, _EXIT.

❑ Compatibilité

TURBO C	MSCT C	QUICK C	UNIX V	ANSI
1..2	*3..5*	*Oui*	*Oui*	*Oui*

_exit

❑ But

Gestion de processus.

❑ Syntaxe

void **exit**(int status);

⇨ **status:** valeur retournée par _**exit**.

❑ Description

La fonction _**exit** termine le processus immédiatement et redonne le contrôle soit au processus appelant, soit au MS-DOS. La fonction _**exit** ne vide pas les tampons des fichiers.

❑ Fichier Include

```
#include <stdlib.h>
        ou
#include <process.h>
```

❑ Exemple

```
_exit(0);
```

❑ Remarque

La fonction _**exit** est similaire à la fonction EXIT, sauf qu'elle ignorera les fonctions ou macros de sorties ayant pu être définies par la fonction ATEXIT.

❑ Voir aussi les fonctions

ABORT, EXIT.

❑ Compatibilité

TURBO C	MSCT C	QUICK C	UNIX V	ANSI
1..2	*3..5*	*Oui*	*Non*	*Non*

exp

❑ But
Calcul mathématique.

❑ Syntaxe
double **exp**(double x);

⇨ **x**: valeur dont on calculera l'exponentielle.

❑ Description
Calcule l'exponentielle du nombre spécifié.

❑ Fichier Include
```
#include <math.h>
```

❑ Exemple
```
y =exp(x);
```

❑ Remarque
Dans le cas d'un dépassement de capacité du résultat, **exp** retourne la valeur HUGE_VAL et affecte la variable globale ERRNO par la constante ERANGE.

❑ Voir aussi les fonctions
LOG, POW.

❑ Compatibilité

TURBO C	MSCT C	QUICK C	UNIX V	ANSI
1..2	*3..5*	*Oui*	*Oui*	*Oui*

fabs

❑ But

Calcul mathématique.

❑ Syntaxe

double **fabs**(double x);

⇨ **x:** réel considéré.

❑ Description

fabs retourne la valeur absolue d'un nombre réel.

❑ Fichier Include

```
#include <math.h>
```

❑ Exemple

```
y = fabs(-10,25);
/*  y sera 10.25  */
```

❑ Voir aussi la fonction

CABS.

❑ Compatibilité

TURBO C	MSCT C	QUICK C	UNIX V	ANSI
1..2	*3..5*	*Oui*	*Oui*	*Oui*

fclose

❑ But

Entrée-sortie.

❑ Syntaxe

int **fclose**(FILE *file_pointer);

⇨ **FILE *file_pointer:** pointeur sur le fichier à fermer.

❑ Description

fclose ferme un flux ouvert précédemment par la fonction FOPEN, vide tous les buffers associés à ce fichier et met à jour le fichier sur le disque.

❑ Fichier Include

```
#include <stdio.h>
```

❑ Exemple

```
status = fclose(file1);
```

❑ Remarques

Le pointeur du fichier à fermer doit avoir été retourné précédemment par la fonction FOPEN.
fclose retourne en cas d'erreur la constante EOF, sinon la valeur «0».

❑ Voir aussi les fonctions

FOPEN, FCLOSEALL.

❑ Compatibilité

TURBO C	MSCT C	QUICK C	UNIX V	ANSI
1..2	*3..5*	*Oui*	*Oui*	*Oui*

fcloseall

❑ But
Entrée-sortie.

❑ Syntaxe
int **fcloseall**(void);

❑ Description
fcloseall ferme tous les flux ouverts précédemment par les fonctions FOPEN et TMPFILE, vide tous les buffers des fichiers et les met à jour sur disque.

❑ Fichier Include
```
#include <stdio.h>
```

❑ Exemple
```
number_closed = fcloseall();
```

❑ Remarque
La fonction **fcloseall** ne ferme pas les cinq flux suivants: STDIN, STDOUT, STDERR, STDAUX et STDPRN. **fcloseall** retourne en cas de succès le nombre de fichiers fermés, sinon renvoie la constante EOF.

❑ Voir aussi les fonctions

FOPEN, FCLOSE.

❑ Compatibilité

TURBO C	MSCT C	QUICK C	UNIX V	ANSI
1..2	*3..5*	*Oui*	*Non*	*Non*

fdopen

❑ But

Entrée-sortie.

❑ Syntaxe

FILE ***fdopen**(int handle, char *access_mode);

⇨ **int handle:** identificateur du fichier.
⇨ **char *access_mode:** caractère représentant le mode d'accès du fichier.

❑ Description

La fonction **fdopen** associe un flux ou un buffer de fichier à un identificateur de fichier retourné par les fonctions CREAT, DUP, DUP2, ou OPEN.
Le mode d'accès («access_mode») du fichier doit correspondre avec celui déclaré précédemment lors de l'ouverture initiale du fichier.

❑ Fichier Include

```
#include <stdio.h>
```

❑ Exemple

```
file_flux = fdopen(file_handle, "w+b");
```

❑ Remarques

fdopen ne peut pas être utilisée avec un fichier ouvert par la fonction SOPEN ou par un fichier en mode partagé (share mode). En effet, les opérations bufférisées ne sont pas compatibles avec le mode partagé car tant qu'il y a des données présentes dans le buffer du fichier elles ne sont pas partageables.

Les différents modes d'accès définis par l'argument «access_mode» sont les suivants:

access_mode	Signification
r	Ouverture en lecture seulement. **fdopen** retourne un message d'erreur si le fichier n'existe pas.
w	Ouverture en écriture d'un nouveau fichier. Si le fichier existe, son contenu sera effacé.
a	Ouverture du fichier en ajout (Append). Si le fichier n'existe pas, il sera créé.
r+	Ouverture d'un fichier existant en lecture et écriture. **fdopen** retourne un message d'erreur si le fichier n'existe pas.
w+	Création d'un nouveau fichier et ouverture en mode lecture et écriture. Si le fichier existe, son contenu sera effacé.
a+	Ouverture en lecture et en ajout. Si le fichier n'existe pas, il sera créé.

L'argument «access_mode» est composé de l'une des six valeurs ci-dessus et peut être associé de l'un des deux modes texte ou binaire:

mode	Signification
b	Le fichier ouvert sera en binaire. Par exemple: «w+ b» ou «rb».
t	Le fichier sera en mode texte. Par exemple: «w+ t» ou «rt».

fdopen retourne en cas de succès un pointeur sur le flux associé au fichier, sinon la valeur NULL.

❑ Voir aussi les fonctions

FCLOSE, OPEN.

❑ Compatibilité

TURBO C	MSCT C	QUICK C	UNIX V	ANSI
1..2	*3..5*	*Oui*	*Oui*	*Non*

feof

❑ But

Entrée-sortie

❑ Syntaxe

int **feof**(FILE *file_pointer);

⇨ **FILE *file_pointer:** pointeur du fichier.

❑ Description

La macro **feof** permet de détecter si la fin du flux associé au fichier est atteinte.

❑ Fichier Include

```
#include <stdio.h>
```

❑ Exemple

```
if (feof(infile) != 0)
 printf("Fin de fichier\n");
```

❑ Remarques

feof retourne une valeur différente de zéro si la fin du fichier est atteinte, sinon «0». Si pendant une lecture d'un fichier une erreur survient, la macro **feof** permet de tester si l'erreur est une fin de fichier normale et peut donc être traitée.

❑ Voir aussi les fonctions

CLEARERR, FCLOSE, REWIND.

❑ Compatibilité

TURBO C	MSCT C	QUICK C	UNIX V	ANSI
1..2	*3..5*	*Oui*	*Oui*	*Oui*

ferror

❑ But

Entrée-sortie.

❑ Syntaxe

int **ferror**(FILE *file_pointer);

⇨ **FILE *file_pointer:** pointeur du fichier.

❑ Description

La macro **ferror** détecte s'il y a eu une erreur pendant une lecture ou une écriture lors d'un transfert de données associé à un flux.

❑ Fichier Include

```
#include <stdio.h>
```

❑ Exemple

```
  if (ferror(infile) != 0)
   printf("Erreur lecture écriture\n");
```

❑ Remarques

ferror retourne une valeur différente de zéro si une erreur est survenue lors d'une opération de lecture ou d'écriture, sinon retourne «0».

Le fichier associé à une structure de données possède un «flag» réservé aux erreurs. **ferror** consulte donc ce «flag» et retourne sa valeur. Le "flag" réservé aux erreurs reste inchangé tant que le fichier n'est pas refermé, ou tant que les fonctions REWIND et CLEARERR sont appelées pour réinitialiser ce «flag».

❑ Voir aussi les fonctions

CLEAERR.

❑ Compatibilité

TURBO C	MSCT C	QUICK C	UNIX V	ANSI
1..2	*3..5*	*Oui*	*Oui*	*Oui*

fflush

❑ But
Entrée-sortie.

❑ Syntaxe
int **fflush**(FILE *file_pointer);

⇨ **FILE *file_pointer:** pointeur du fichier.

❑ Description
La fonction **fflush** vide le buffer associé à un flux. Si le flux concerne un fichier ouvert en écriture, alors la fonction écrit le contenu du buffer dans le fichier. Sinon, **fflush** initialise le buffer.

❑ Fichier Include
```
#include <stdio.h>
```

❑ Exemple
```
fflush(stdout);
```

❑ Remarques
fflush retourne en cas de succès la valeur «0», sinon EOF.
L'utilisation de **fflush** permet d'écrire et de vider le contenu du buffer associé au flux correspondant dans le fichier sans avoir à attendre que le buffer soit plein. Dans le cas de l'utilisation de plusieurs processus, **fflush** permet donc de mettre à jour le fichier avant de lancer un processus fils.

❑ Voir aussi les fonctions

FOPEN, FCLOSE.

❑ Compatibilité

TURBO C	MSCT C	QUICK C	UNIX V	ANSI
1..2	*3..5*	*Oui*	*Oui*	*Oui*

fgetc

❑ But

Entrée-sortie.

❑ Syntaxe

int **fgetc**(FILE *file_pointer);

⇨ **FILE *file_pointer:** pointeur du fichier.

❑ Description

fgetc lit le caractère à la position courante du flux puis retourne le caractère converti en type «int».

❑ Fichier Include

```
#include <stdio.h>
```

❑ Exemple

```
car_lu = fgetc(infile);
```

❑ Remarques

fgetc incrémente après la lecture la position courante dans le fichier.

En cas de succès **fgetc** retourne le caractère converti, sinon renvoie la constante EOF.

Pendant l'utilisation de la fonction **fgetc** et pour pouvoir différencier une fin de fichier d'une autre erreur, il faudra appeler les fonctions ou macros FERROR ou FEOF.

❑ Voir aussi les fonctions

GETC, FGETCHAR,
FPUTCHAR, PUTC, PUTCHAR.

❑ Compatibilité

TURBO C	MSCT C	QUICK C	UNIX V	ANSI
1..2	*3..5*	*Oui*	*Oui*	*Oui*

fgetchar

❑ But

Entrée-sortie.

❑ Syntaxe

int **fgetchar**(void);

❑ Description

fgetchar lit un caractère à partir du flux d'entrée standard STDIN, étant normalement désigné comme le clavier.

❑ Fichier Include

```
#include <stdio.h>
```

❑ Exemple

```
car_saisi = fgetchar();
```

❑ Remarques

fgetchar est identique à FGETC(STDIN).
En cas de succès **fgetchar** retourne le caractère lu, sinon retourne la constante EOF.

❑ Voir aussi les fonctions

FGETC, PUTC, FPUTCHAR, PUTC, PUTCHAR.

❑ Compatibilité

TURBO C	MSCT C	QUICK C	UNIX V	ANSI
1..2	*3..5*	*Oui*	*Non*	*Non*

fgetpos

❑ But

Entrée-sortie.

❑ Syntaxe

int **fgetpos**(FILE *file_pointer,
fpos_t *current_pos);

⇨ **FILE *file_pointer:** pointeur du fichier.
⇨ **fpos_t *current_pos:** pointeur sur la position courante dans le fichier.

❑ Description

fgetpos retourne la valeur du pointeur de la position courante dans le fichier et sauve la valeur de la position dans «fpos_t».

❑ Fichier Include

```
#include <stdio.h>
```

❑ Exemple

```
fgetpos(infile, &file_position);
```

❑ Remarques

La fonction **fgetpos** fournit uniquement la position courante dans le fichier, pour l'argument de la fonction FSETPOS. C'est donc par la fonction FTELL que l'on peut obtenir le nombre d'octets ou le déplacement par rapport au début du fichier.

En cas de succès **fgetpos** retourne la valeur «0», sinon renvoie une valeur non nulle.

❑ Voir aussi les fonctions

FSETPOS, FTELL.

❑ Compatibilité

TURBO C	MSCT C	QUICK C	UNIX V	ANSI
1..2	*5*	*Oui*	*Non*	*Oui*

fgets

❑ But

Entrée-sortie.

❑ Syntaxe

char ***fgets**(char *string, int maxchar,
FILE *file_pointer);

⇨ **char *string:** pointeur sur la position où sera stockée la chaîne à lire.
⇨ **int maxchar:** nombre maximum de caractères à lire.
⇨ **FILE *file_pointer:** pointeur de fichier.

❑ Description

fgets lit une chaîne de caractères à partir du flux associé au fichier. La ligne est lue jusqu'a ce que le caractère «\n» soit rencontré ou jusqu'a ce que le nombre de caractères soit égal à l'argument «maxchar».

❑ Fichier Include

```
#include <stdio.h>
```

❑ Exemple

```
fgets(chaîne, 80, infile);
```

❑ Remarques

Les caractères sont lus, convertis en chaîne de caractères terminée par «\0» après le dernier caractère et stockés dans «string».

fgets retourne en cas de succès la chaîne de caractères, sinon renvoie la constante NULL. Les fonctions ou macros FERROR et FEOF permettront de déterminer l'origine d'une erreur.

❑ Voir aussi les fonctions

GETS, FPUTS, PUTS.

❑ Compatibilité

TURBO C	MSCT C	QUICK C	UNIX V	ANSI
1..2	*3..5*	*Oui*	*Oui*	*Oui*

filelength

❑ But
Manipulation de fichier.

❑ Syntaxe
long **filelength**(int file_handle);

⇨ **int file_handle:** identificateur du fichier.

❑ Description
La fonction **filelength** détermine la taille en octets d'un fichier.

❑ Fichier Include
```
#include <stdio.h>
```

❑ Exemple
```
file_size = filelength(file_handle);
```

❑ Remarques
La fonction **filelength** retourne en cas de succès la longueur du fichier, sinon «-1» en affectant la variable globale ERRNO par la constante EBADF.

❑ Voir aussi la fonction
FILENO.

❑ Compatibilité

TURBO C	MSCT C	QUICK C	UNIX V	ANSI
1..2	*4..5*	*Oui*	*Non*	*Non*

fileno

❑ But

Entrée-sortie.

❑ Syntaxe

int **fileno**(FILE *pointer_file);

⇨ **FILE *pointer_file:** pointeur de fichier.

❑ Description

fileno retourne l'identificateur d'un fichier lié à un flux.

❑ Fichier Include

```
#include <stdio.h>
```

❑ Exemple

```
handle = fileno(file_pointer);
```

❑ Remarques

fileno retourne un entier (identificateur du fichier) nécessaire à plusieurs fonctions comme par exemple pour les fonctions READ et WRITE. En cas d'erreur, **fileno** ne retournera aucune valeur.

❑ Voir aussi la fonction

FOPEN.

❑ Compatibilité

TURBO C	MSCT C	QUICK C	UNIX V	ANSI
1..2	*3..5*	*Oui*	*Oui*	*Non*

fillellipse

❑ But

Dessin.

❑ Syntaxe

void far **fillellipse**(int x, int y, int xray, int yray);

⇨ **int x, y:** coordonnées du centre.
⇨ **int xray:** longueur de l'axe horizontal de l'ellipse.
⇨ **int yray:** longueur de l'axe vertical de l'ellipse.

❑ Description

Dessine une ellipse complète en la remplissant avec le motif et la couleur active.

❑ Fichier Include

```
#include <graphics.h>
```

❑ Exemple

```
fillellipse(100, 100, 50, 25);
```

❑ Remarque

Le motif peut être redéfini par la fonction SETFILL-PATERN.

❑ Voir aussi les fonctions

ELLIPSE, SETFILLPATERN.

❑ Compatibilité

TURBO C	MSCT C	QUICK C	UNIX V	ANSI
2	*5*	*Equ*	*Non*	*Non*

❑ Equivalent

_ellipse

findfirst

❑ But

Appel système.

❑ Syntaxe

int **findfirst**(char *pathname,
struct ffblk *fileinfo, int attribute);

⇨ **char *pathname:** chemin d'accès du répertoire.
⇨ **struct ffblk *fileinfo:** structure contenant le résultat de la recherche.
⇨ **int attribute:** attribut du fichier à rechercher.

❑ Description

La fonction **findfirst** recherche, dans le répertoire défini par l'argument «pathname», le premier fichier correspondant au critère de recherche.

❑ Fichier Include

```
#include <dir.h>
        ou
#include <dos.h>
```

❑ Exemple

```
findfirst("\*.*",fileinfo, FA_LABEL);
/*Recherche le nom du volume (disque)*/
```

❑ Remarques

findfirst utilise l'interruption MS-DOS INT 4EH pour retourner le premier fichier recherché.

La recherche s'effectue dans le répertoire de l'argument «pathname»; sinon, si celui-ci n'est pas précisé, dans le répertoire courant.

Le nom du fichier à rechercher est précisé aussi dans «pathname» et peut contenir les caractères jokers: * et **?**.

findfirst ne sélectionnera que les fichiers correspondant au nom recherché et qui satisferont à l'argument «attribute».
Les valeurs possibles de l'argument «attribute» sont définies dans le fichier include dos.h:

FA_ARCH	Fichier archivage
FA_DIREC	Entrée de catalogue.
FA_HIDDEN	Fichier caché.
FA_LABEL	Nom du volume.
FA_RDONLY	Fichier lecture seulement.
FA_SYSTEM	Fichier système.

La structure «ffblk» est définie dans le fichier include dir.h de la manière suivante:

```
struct ffblf
{
char ff_reserved[21]; /* Réservé pour MS-DOS                        */
char ff_attrib;       /* Attribut du fichier                        */
unsigned ff_ftime;    /* Heure de la dernière mise à jour du fichier */
unsigned ff_fdate;    /* Date de la dernière mise à jour du fichier  */
long  ff_size;        /* Taille du fichier en octets                */
char  ff_name[13];    /* Nom du fichier                             */
}
```

Si un fichier correspond au nom précisé par «pathname» et à l'attribut correspondant à «attribute», **findfirst** remplira la structure «ffblk» par les informations de ce fichier.

findfirst retourne en cas de recherche fructueuse la valeur «0», sinon retourne «-1» et affecte la variable globale ERRNO par:

ENOENT: Nom du chemin d'accès ou du fichier non trouvé.
ENMFILE: Plus d'autre fichier dans le répertoire.

❑ Voir aussi les fonctions

FINDNEXT.

❑ Compatibilité

TURBO C	MSCT C	QUICK C	UNIX V	ANSI
1..2	*5*	*Equ*	*Non*	*Non*

❑ Equivalent

_dos_findfirst

findnext

❑ But

Appel système.

❑ Syntaxe

void **findnext**(struct ffblk *fileinfo);

⇨ **struct ffblk *fileinfo:** structure contenant le résultat de la recherche. Voir la fonction FINDFIRST.

❑ Description

findnext reitère la recherche commencée précédemment par la fonction FINDFIRST.
L'utilisation de la fonction **findnext** ne doit se faire que si l'argument «pathname» de la fonction FINDFIRST contient un ou plusieurs caractères jokers (* ou ?) et seulement après avoir appelé précédemment la fonction FINDFIRST.

❑ Fichier Include

```
#include <dir.h>
        ou
#include <dos.h>
```

❑ Exemple

```
status = findnext(&fileinfo);
```

❑ Remarques

L'utilisation répétée de cette fonction autant de fois que nécessaire (dans une boucle), permet, par exemple, de trouver tous les fichiers correspondant aux critères de recherche précisés par la fonction FINDFIRST (voir FINDFIRST).

findnext utilise l'interruption MS-DOS INT 4FH pour retourner le fichier suivant. **findnext** retourne en cas de recherche fructueuse la valeur «0», sinon retourne «-1» et affecte la variable globale ERRNO par:

- **ENOENT:** Recherche infructueuse.
- **ENMFILE:** Plus d'autre fichier à chercher dans le répertoire.

❑ Voir aussi la fonction

FINDFIRST.

❑ Compatibilité

TURBO C	MSCT C	QUICK C	UNIX V	ANSI
1..2	*5*	*Equ*	*Non*	*Non*

❑ Equivalent

_dos_findnext

floodfill

❑ But

Dessin.

❑ Syntaxe

void far **floodfill**(int x, int y, int border);

⇨ **int x, y:** coordonnées du point de départ.
⇨ **int border:** couleur délimitant la zone à remplir.

❑ Description

Remplissage d'une zone délimitée par une couleur. **floodfill** remplit la zone avec la couleur et le motif actif.

❑ Fichier Include

```
#include <graphics.h>
```

❑ Exemple

```
floodfill(50, 50, white);
```

❑ Remarques

La fonction **floodfill** utilise des algorithmes graphiques de remplissages de zones. **floodfill** remplit soit l'intérieur, soit l'extérieur de la zone considérée.

Si le point de départ est à l'extérieur, le remplissage se fera à l'extérieur. De même, **floodfill** remplira l'intérieur de la zone si le point est placé dedans. Dans le cas ou le point est situé sur le contour de la zone, le remplissage ne s'effectuera pas. Il est conseillé que la zone à remplir soit régulière pour un remplissage homogène.

❑ Voir aussi la fonction

SETFILLPATTERN.

❑ Compatibilité

TURBO C	MSCT C	QUICK C	UNIX V	ANSI
1,5..2	*5*	*Equ*	*Non*	*Non*

❑ Equivalent

_floodfill

floor

❑ But
Calcul mathématique.

❑ Syntaxe
double **floor**(double x);

⇨ **x:** valeur à arrondir.

❑ Description
La fonction **floor** arrondit par défaut (entier immédiatement inférieur).

❑ Fichier Include
```
#include <math.h>
```

❑ Exemple
```
resul = floor(1.45);
/* resul est 1.0  */
```

❑ Remarques
Le type de la valeur de retour de **floor** est de type «double».

❑ Voir aussi la fonction
CEIL .

❑ Compatibilité

TURBO C	MSCT C	QUICK C	UNIX V	ANSI
1..2	*3..5*	*Oui*	*Oui*	*Oui*

flushall

❑ But

Entrée-sortie.

❑ Syntaxe

int **flushall**(void);

❑ Description

La fonction **flushall** vide tous les buffers associés au fichiers ainsi que les cinq flux standard: STDIN, STDOUT, STDERR, STDAUX et STDPRN.

❑ Fichier Include

```
#include <stdio.h>
```

❑ Exemple

```
flushall();
```

❑ Remarques

Si le flux concerne un fichier ouvert en écriture, alors la fonction écrit le contenu du buffer dans le fichier. Sinon, **flushall** initialise le buffer.

Il faut remarquer que lorsqu'un buffer est plein ou lorsqu'un fichier est fermé ou alors si le programme se termine normalement, le buffer est automatiquement vidé sur disque ou initialisé. **flushall** retourne le nombre de buffers vidés ou initialisés. La fonction **flushall** ne ferme pas les fichiers ouverts.

❑ Voir aussi les fonctions

FFLUSH, FCLOSE.

❑ Compatibilité

TURBO C	MSCT C	QUICK C	UNIX V	ANSI
1..2	*3..5*	*Oui*	*Non*	*Non*

fmod

❑ But

Calcul mathématique.

❑ Syntaxe

double **fmod**(double x, double y);

⇨ **x:** nombre à diviser.
⇨ **y:** diviseur.

❑ Description

Rctournc x modulo y (c'cst-à-dirc lc rcstc dc la division de x par y).

❑ Fichier Include

```
#include <math.h>
```

❑ Exemple

```
resul = fmod(12.9,4.5);
```

❑ Voir aussi les fonctions

CEIL, FLOOR.

❑ Compatibilité

TURBO C	MSCT C	QUICK C	UNIX V	ANSI
1..2	*3..5*	*Oui*	*Oui*	*Oui*

fnmerge

❑ But

Manipulation de fichier.

❑ Syntaxe

void **fnmerge**(char *path, const char *drive,
const char *dir, const char *fname,
const *ext);

⇨ **char *path:** pointeur sur le buffer où sera retourné le chemin d'accès complet.
⇨ **const char *drive:** unité de disque.
⇨ **const char *dir:** répertoire.
⇨ **const char *fname:** nom du fichier.
⇨ **const *ext:** extension du fichier.

❑ Description

La fonction **fnmerge** crée, au sens MS-DOS, un chemin d'accès complet: l'unité de disque, le répertoire, le nom du fichier et son extension.

❑ Fichier Include

```
#include <dir.h>
```

❑ Exemple

```
fnmerge(path,"C:","\\SETUP\\","PHS",
".EXE");
/* PATH sera "C:\SETUP\PHS.EXE" */
```

❑ Remarque

La taille du buffer «path» doit être suffisante pour pouvoir contenir le chemin d'accès complet.

❑ Voir aussi la fonction

FNSPLIT.

❑ Compatibilité

TURBO C	MSCT C	QUICK C	UNIX V	ANSI
1..2	*5*	*Equ*	*Non*	*Non*

❑ Equivalent

makepath

fnsplit

❑ But

Manipulation de fichier.

❑ Syntaxe

void **fnsplit**(char *path, const char *drive,
const char *dir, const char *fname,
const *ext)

⇨ **char *path:** pointeur sur le buffer où sera retourné le chemin d'accès complet.
⇨ **const char *drive:** unité de disque.
⇨ **const char *dir:** répertoire.
⇨ **const char *fname:** nom du fichier.
⇨ **const *ext:** extension du fichier.

❑ Description

La fonction **fnsplit** permet de décomposer le chemin d'accès complet en ses différents composants: l'unité de disque, le répertoire, le nom du fichier et son extension.
Cette fonction produit l'effet inverse de FNMERGE.

❑ Fichier Include

```
#include <dir.h>
```

❑ Exemple

```
fnsplit("C:\\SETUP\\XMAS.EXE", drive,
dir, fname, ext);
```

❑ Remarque

Lors de la décomposition du chemin d'accès en ses différents éléments constitutifs et si, par exemple, l'unité de disque n'est pas précisée, alors l'argument «drive» sera vide. Il en est exactement de même pour les autres arguments de **fnsplit**.

❑ Voir aussi la fonction

FNMERGE.

❑ Compatibilité

TURBO C	MSCT C	QUICK C	UNIX V	ANSI
1..2	*5*	*Equ*	*Non*	*Non*

❑ Equivalent

_splitpath

fopen

❑ But

Entrée-sortie.

❑ Syntaxe

FILE ***fopen**(const char *filename,
const char *access_mode);

⇨ **const char *filename:** nom du fichier à ouvrir.

⇨ **const char *access_mode:** caractère représentant le mode d'accès du fichier à ouvrir.

❑ Description

La fonction **fopen** ouvre un fichier et l'assigne à un flux.

❑ Fichier Include

```
#include <stdio.h>
```

❑ Exemple

```
file_pointer = fopen("temp.dat", "rb");
```

❑ Remarques

Les différents modes d'accès définis par l'argument «access_mode» sont les suivants:

access_mode	Signification
r	Ouverture en lecture seulement. **fopen** retourne un message d'erreur si le fichier n'existe pas.
w	Ouverture en écriture d'un nouveau fichier. Si le fichier existe, son contenu sera effacé.
a	Ouverture du fichier en ajout (Append). Si le fichier n'existe pas, il sera créé.
r+	Ouverture d'un fichier existant en lecture et écriture. **fopen** retourne un message d'erreur si le fichier n'existe pas.
w+	Création d'un nouveau fichier et ouverture en mode lecture et écriture. Si le fichier existe, son contenu sera effacé.
a+	Ouverture en lecture et en ajout. Si le fichier n'existe pas, il sera crée.

L'argument «access_mode» est composé de l'une des six valeurs ci-dessus et peut être associé de l'un des deux modes texte ou binaire:

mode	Signification
b	Le fichier ouvert sera en binaire. Par exemple: «w+ b» ou «rb».
t	Le fichier sera en mode texte. Par exemple: «w+ t» ou «rt».

En cas de succès **fopen** retourne le pointeur du fichier, sinon retourne la constante NULL.

❑ Voir aussi les fonctions

FCLOSE, OPEN, SETMODE, FDOPEN, FREOPEN, FILENO, ERROR, FCLOSEALL.

❑ Compatibilité

TURBO C	MSCT C	QUICK C	UNIX V	ANSI
1..2	*3..5*	*Oui*	*Oui*	*Oui*

FP_OFF

❑ But

Appel système.

❑ Syntaxe

unsigned **FP_OFF** (void far *address);

⇨ **void far *address:** pointeur de type «far» sur un emplacement mémoire.

❑ Description

La macro **FP_OFF** retourne le déplacement (offset) d'un emplacement mémoire quelconque. **FP_OFF** accepte l'argument («*address») sur 32 bits.

❑ Fichier Include

```
#include <dos.h>
```

❑ Exemple

```
offset_buf = FP_OFF(farpointer);
```

❑ Remarques

La macro **FP_OFF** est la seule façon de connaître le déplacement (offset) d'une donnée ou d'un tableau. **FP_OFF** retourne le déplacement (offset) sur 16 bits.

L'utilisation conjuguée de **FP_OFF** et FP_SEG permet de préciser le déplacement (offset) et l'adresse du segment pour les appels de certaines fonctions MS-DOS.

❑ Voir aussi la fonction

FP_SEG.

❑ Compatibilité

TURBO C	MSCT C	QUICK C	UNIX V	ANSI
1..2	*3..5*	*Oui*	*Non*	*Non*

FP_SEG

❑ But

Appel système.

❑ Syntaxe

unsigned **FP_SEG**(void far *address);

⇨ **void far *address:** pointeur de type «far» sur un emplacement mémoire.

❑ Description

La macro **FP_SEG** retourne l'adresse du segment d'un emplacement mémoire quelconque. **FP_SEG** accepte l'argument («address») sur 32 bits.

❑ Fichier Include

```
#include <dos.h>
```

❑ Exemple

```
segment_adress = FP_SEG(farpointer);
```

❑ Remarques

La macro **FP_SEG** est la seule façon de connaître l'adresse du segment d'une donnée ou d'un tableau.

FP_SEG retourne l'adresse du segment sur 16 bits. L'utilisation conjuguée de **FP_SEG** et FP_OFF permet de préciser le déplacement (offset) et l'adresse du segment pour les appels de certaines fonctions MS-DOS.

❑ Voir aussi la fonction

FP_OFF.

❑ Compatibilité

TURBO C	MSCT C	QUICK C	UNIX V	ANSI
1..2	*3..5*	*Oui*	*Non*	*Non*

_fpreset

❑ But

Calcul mathématique.

❑ Syntaxe

void **fpreset**(void);

❑ Description

Initialisation de l'arithmétique flottante.

❑ Fichier Include

```
#include <float.h>
```

❑ Exemple

```
_fpreset();
```

❑ Remarques

_fpreset est conseillée après les fonctions systèmes comme SIGNAL, SPAWN.. et EXEC...

❑ Voir aussi la fonction

SIGNAL.

❑ Compatibilité

TURBO C	MSCT C	QUICK C	UNIX V	ANSI
1..2	*4..5*	*Oui*	*Non*	*Non*

fprintf

❑ But

Entrée-sortie.

❑ Syntaxe

int **fprintf**(FILE *file_pointer,
 const char *format_string, ...);

⇨ **FILE *file_pointer:** pointeur sur le flux.
⇨ **const char *format_string:** chaîne décrivant le format à utiliser pour l'impression.
⇨ ...: représente les articles à imprimer.

❑ Description

La fonction **fprintf** écrit les données sur le flux.

❑ Fichier Include

```
#include <stdio.h>
```

❑ Exemple

```
nb_car = fprintf(outfile, "Fichier de
sortie\n");
```

❑ Remarques

La fonction **fprintf** est d'un usage beaucoup plus souple que la fonction PRINTF. **fprintf** peut écrire des données sur n'importe quel flux alors que PRINTF ne s'adresse qu'au flux standard STDOUT. Par exemple, **fprintf** est souvent utilisée avec le flux standard STDERR pour imprimer des messages d'erreurs.

Pour plus de détails au sujet de l'argument «format_string», se reporter à la fonction CPRINTF. **fprintf** retourne le nombre de caractères écrits sur le flux.

❑ Voir aussi les fonctions

PRINTF, VFPRINTF, VPRINTF, SPRINTF, VSPRINTF.

❑ Compatibilité

TURBO C	MSCT C	QUICK C	UNIX V	ANSI
1..2	*3..5*	*Oui*	*Oui*	*Oui*

fputc

❑ But

Entrée-sortie

❑ Syntaxe

int **fputc**(int c, FILE *file_pointer);

⇨ **int c:** caractère à écrire.
⇨ **FILE *file_pointer:** flux de sortie.

❑ Description

fputc écrit un seul caractère sur le flux de sortie.

❑ Fichier Include

```
#include <stdio.h>
```

❑ Exemple

```
resultat = fputc("Z", stdout);
```

❑ Remarques

En cas de succès **fputc** retourne le caractère à écrire, sinon renvoie la constante EOF. L'appel de la macro FERROR permettra de déterminer l'origine de l'erreur.

❑ Voir aussi les fonctions

PUTC, FPUTCHAR, FGETC, FGETCHAR, GETC.

❑ Compatibilité

TURBO C	MSCT C	QUICK C	UNIX V	ANSI
1..2	*3..5*	*Oui*	*Oui*	*Oui*

fputchar

❑ But
Entrée-sortie.

❑ Syntaxe
int **fputchar**(int c);

⇨ **int c:** caractère à écrire sur STDOUT.

❑ Description
fputchar écrit un seul caractère sur STDOUT.

❑ Fichier Include
```
#include <stdio.h>
```

❑ Exemple
```
fputchar("A");
```

❑ Remarques
fputchar est équivalent à FPUTC(STDOUT).
En cas de succès **fputchar** retourne le caractère à écrire, sinon renvoie la constante EOF. L'appel de la macro FERROR permettra de déterminer l'origine de l'erreur.

❑ Voir aussi les fonctions
FPUTC, FGETC, FGETCHAR, GETC, GETCHAR.

❑ Compatibilité

TURBO C	MSCT C	QUICK C	UNIX V	ANSI
1..2	*3..5*	*Oui*	*Non*	*Non*

fputs

❑ But

Entrée-sortie.

❑ Syntaxe

int **fputs**(const char *string, FILE *file_pointer);

⇨ **const char *string:** chaîne à imprimer.
⇨ **FILE *file_pointer:** flux de sortie.

❑ Description

La fonction **fputs** écrit une chaîne de caractères terminée par le caractère de fin de chaîne (\0) dans un flux.

❑ Fichier Include

```
#include <stdio.h>
```

❑ Exemple

```
last_car = fputs("Exemple de chaîne\n",
stream);
```

❑ Remarque

fputs retourne en cas de succès le dernier caractère de la chaîne, sinon renvoie la constante EOF.

❏ Voir aussi les fonctions

FGETS, PUTS, GETS.

❏ Compatibilité

TURBO C	MSCT C	QUICK C	UNIX V	ANSI
1..2	*3..5*	*Oui*	*Oui*	*Oui*

freopen

❑ But

Calcul mathématique.

❑ Syntaxe

FILE*__freopen__(const char *filename,
const char *access_mode,
FILE *file_pointer);

- ⇨ **const char *filename:** chemin d'accès et nom du fichier à remplacer.
- ⇨ **const char *access_mode:** caractère représentant le mode d'accès du fichier à ouvrir. Voir la fonction FOPEN.
- ⇨ **FILE *file_pointer:** flux associé au fichier.

❑ Description

freopen ferme l'ancien fichier associé au flux et le remplace par le fichier «filename» au flux «FILE *file_pointer».

❑ Fichier Include

```
#include <stdio.h>
```

❑ Exemple

```
freopen("C:\pgm.txt", "w", stdout);
```

❑ Remarques

freopen retourne le pointeur du flux «FILE *file_pointer», en cas de succès, sinon la valeur NULL.

Par exemple **freopen** permet de redirectionner des fichiers sur les flux STDIN et STDOUT.

❑ Voir aussi les fonctions

FOPEN, FCLOSE.

❑ Compatibilité

TURBO C	MSCT C	QUICK C	UNIX V	ANSI
1..2	*3..5*	*Oui*	*Oui*	*Oui*

fread

❑ But

Entrée-sortie.

❑ Syntaxe

int **fread**(void *buffer, int size, int count,
FILE *file_pointer);

- ⇨ **void *buffer:** pointeur sur le buffer où seront stockées les données lues par **fread**.
- ⇨ **int size:** taille en octets de chaque donnée lue.
- ⇨ **int count:** nombre maximun d'éléments de taille «size» à lire.
- ⇨ **FILE *file_pointer:** flux où les données seront lues.

❑ Description

fread lit depuis un flux le nombre d'éléments spécifié par «count», chacun ayant la taille «size».

❑ Fichier Include

```
#include <stdio.h>
```

❑ Exemple

```
elem_lu = fread(buffer, 255, 80,
stream);
```

❑ Remarques

fread lit les données depuis la position courante dans le fichier. Lorsque la lecture de tous les éléments est réalisée, **fread** met à jour la nouvelle position courante dans le fichier.

L'utilisation courante de cette fonction est de lire des fichiers binaires, comme par exemple des fichiers d'images.

Vous devez allouer suffisamment de mémoire pour stocker tous les éléments lus dans «buffer».
fread retourne le nombre d'éléments lus et non le nombre d'octets en cas de succès. Si **fread** renvoie une valeur différente, alors l'appel des fonctions ou macros FERROR et FEOF permettra de gérer l'erreur ou la fin de fichier.

❑ Voir aussi les fonctions

FWRITE, READ.

❑ Compatibilité

TURBO C	MSCT C	QUICK C	UNIX V	ANSI
1..2	*3..5*	*Oui*	*Oui*	*Oui*

free

❑ But

Allocation de mémoire.

❑ Syntaxe

void **free**(void*mem_adress);

⇨ **mem_adress:** adresse de la mémoire à désallouer.

❑ Description

Libère un bloc ou un espace mémoire précédemment alloué par les fonctions CALLOC, MALLOC et REALLOC. L'adresse (ou pointeur) du bloc mémoire à libérer correspond au premier octet de la zone à désallouer.

❑ Fichier Include

```
#include <alloc.h>
        ou
#include <stdlib.h>
```

❑ Exemple

```
free(buffer);
```

❑ Remarque

Un pointeur de valeur NULL n'a aucun effet avec la fonction **free**.

❑ Voir aussi les fonctions

CALLOC, MALLOC, REALLOC.

❑ Compatibilité

TURBO C	MSCT C	QUICK C	UNIX V	ANSI
1..2	*3..5*	*Oui*	*Oui*	*Oui*

freemem

❑ But

Appel système.

❑ Syntaxe

int **freemem**(unsigned segadd);

⇨ **unsigned segadd:** adresse de segment du bloc à libérer.

❑ Description

freemem libère un bloc mémoire précédemment alloué par la fonction ALLOCMEM.

❑ Fichier Include

```
#include <dos.h>
```

❑ Exemple

```
result = freemem(seg_adr);
```

❑ Remarques

La fonction **freemem** utilise l'interruption MS-DOS INT 49H. L'adresse du segment «segadd» a préciser comme argument pour la fonction **freemem** doit être celle précédemment retournée par la fonction ALLOCMEM. Le déplacement (offset) est toujours égal à zéro. **freemem** retourne en cas de succès la valeur «0», sinon renvoie la valeur «-1» et affecte la variable globale ERRNO de la constante ENOEM.

❑ Voir aussi les fonctions

ALLOCMEM, FREE, SETBLOCK.

❑ Compatibilité

TURBO C	MSCT C	QUICK C	UNIX V	ANSI
1..2	*5*	*Equ*	*Non*	*Non*

❑ Equivalent

_dos_freemem

frexp

❑ But

Calcul mathématique.

❑ Syntaxe

double **frexp**(double x, int *exponent);

⇨ **x:** réel à décomposer.
⇨ **exponent:** exposant.

❑ Description

La fonction **frexp** décompose un réel en sa mantisse et son exposant.

❑ Fichier Include

```
#include <math.h>
```

❑ Exemple

```
mantissa = frexp(value, &exponent);
```

❑ Remarques

frexp retourne la valeur de la mantisse du réel. Si le réel est égal à zéro, alors **frexp** retournera zéro comme mantisse.

❑ Voir aussi les fonctions

LDEXP, MODF.

❑ Compatibilité

TURBO C	MSCT C	QUICK C	UNIX V	ANSI
1..2	*3..5*	*Oui*	*Oui*	*Oui*

fscanf

❑ But

Entrée-sortie.

❑ Syntaxe

int **fscanf**(FILE *file_pointer,
 const char *format_string, ...);

⇨ **FILE *file_pointer:** pointeur sur le flux.
⇨ **const char *format_string:** chaîne décrivant le format à utiliser pour la lecture.
⇨ **...:** représente les éléments à lire.

❑ Description

La fonction **fscanf** lit des données formatées depuis un flux.

❑ Fichier Include

```
#include <stdio.h>
```

❑ Exemple

```
nbre_elemt=fscanf(infile,"Date %d- %d",
&mois, &jour);
```

❑ Remarques

Voir la fonction SCANF pour les différents formats d'entrée. **fscanf** retourne après son exécution le nombre d'éléments correctement lus, convertis et stockés dans leurs variables respectives.

Si la fonction **fscanf** rencontre une fin de fichier, alors elle renverra la constante EOF. La différence entre **fscanf** et la fonction SCANF est que la première fonction peut lire des données sur n'importe quel flux alors que la deuxième s'adresse seulement au flux standard STDIN.

❑ Voir aussi les fonctions

CSCANF, SCANF, SSCANF.

❑ Compatibilité

TURBO C	MSCT C	QUICK C	UNIX V	ANSI
1..2	*3..5*	*Oui*	*Oui*	*Oui*

fseek

❑ But

Entrée-sortie.

❑ Syntaxe

int **fseek**(FILE *file_pointer, long offset,
int origin);

⇨ **FILE *file_pointer:** flux concerné.
⇨ **long offset:** déplacement souhaité en octets.
⇨ **int origin:** origine.

❑ Description

fseek déplace la position courante du fichier associé au flux en se reférant à l'origine (origin) du déplacement à laquelle on ajoute un déplacement (offset).

❑ Fichier Include

```
#include <stdio.h>
```

❑ Exemple

```
status = fseek(infile, 128, SEEK_SET);
```

❑ Remarques

L'argument caractérisant l'origine peut prendre l'une des trois valeurs suivantes:

Origine	Signification
SEEK_SET ou 0	Début du fichier.
SEEK_CUR ou 1	Position courante dans le fichier.
SEEK_END ou 2	Fin du fichier.

fseek retourne en cas de succès la valeur «0», une valeur non nulle en cas d'erreur.

❑ Voir aussi les fonctions

FTELL, LSEEK.

❑ Compatibilité

TURBO C	MSCT C	QUICK C	UNIX V	ANSI
1..2	*3..5*	*Oui*	*Oui*	*Oui*

fsetpos

❑ But

Entrée-sortie.

❑ Syntaxe

int **fsetpos**(FILE *file_pointer, const fpos_t*pos);

⇨ **FILE *file_pointer:** flux associé au fichier.
⇨ **const fpos_t*pos:** pointeur sur la position désirée.

❑ Description

fsetpos positionne le pointeur du fichier d'un flux à la valeur précédemment sauvegardée par la fonction FGETPOS.

❑ Fichier Include

```
#include <stdio.h>
```

❑ Exemple

```
result = fsetpos(infile,
&file_position);
```

❑ Remarques

En cas de succès la fonction **fsetpos** retourne «0», sinon une valeur non nulle.

❑ Voir aussi la fonction

FGETPOS.

❑ Compatibilité

TURBO C	MSCT C	QUICK C	UNIX V	ANSI
1..2	*5*	*Oui*	*Non*	*Oui*

fstat

❑ But
Manipulation de fichier.

❑ Syntaxe
int **fstat**(int handle, struct stat *buffer);

⇨ **int handle:** identificateur du fichier.
⇨ **struct stat *buffer:** pointeur sur la structure contenant les informations.

❑ Description
La fonction **fstat** retourne les informations relatives à un fichier ouvert associé à l'identificateur «handle».

❑ Fichier Include
```
#include <sys\types.h>
      ou
#include <sys\stat.h>
```

❑ Exemple
```
result = fstat(handle, &statinfo);
```

❑ Remarques
L'argument «buffer» doit être du type «stat». La structure «stat» est définie dans le fichier include sys\stat.h de la manière suivante:

```
struct stat
{
short st_dev;      /* Numéro du lecteur contenant le fichier.   */
short st_ino;      /* Inutilisé sous MS-DOS.                    */
short st_mode;     /* Bits d'état du mode du fichier.           */
short st_nlink;    /* Sous MS-DOS a la valeur «1».              */
int st_uid;        /* Inutilisé sous MS-DOS.                    */
int st_gid;        /* Inutilisé sous MS-DOS.                    */
short st_rdev;     /* Identique au champ st_dev.                */
long st_size;      /* Taille du fichier.                        */
long st_atime;     /* Time et heure de la dernière modification.*/
long st_mtime;     /* Identique au champ st_atime.              */
long st_ctime;     /* Identique au champ st_atime.              */
}
```

Plusieurs champs de la structure «stat» sont inutilisés sous MS-DOS. Ils sont néanmoins présents dans la structure pour conserver une compatibilité avec d'autres systèmes. **fstat** retourne en cas de succès la valeur «0», sinon renvoie la valeur «-1» et affecte la variable globale ERRNO par la constante EBADF.

❑ Voir aussi les fonctions

ACCESS, CHMOD, STAT.

❑ Compatibilité

TURBO C	MSCT C	QUICK C	UNIX V	ANSI
1..2	*3..5*	*Oui*	*Oui*	*Non*

ftell

❑ But

Entrée-sortie.

❑ Syntaxe

long **ftell**(FILE *file_pointer);

⇨ **FILE *file_pointer:** flux associé a un fichier.

❑ Description

La fonction **ftell** retourne le pointeur de la position courante du fichier. Cette position correspond au déplacement en octets depuis le début du fichier.

❑ Fichier Include

```
#include <stdio.h>
```

❑ Exemple

```
pos_cour = ftell(infile);
```

❑ Remarques

En cas de succès **ftell** retourne la valeur du déplacement, sinon renvoie la valeur «-1». Par contre, la valeur de retour de **ftell** sera indéfinie si le flux à examiner est une valeur erronée, comme STDOUT.

❑ Voir aussi les fonctions

FSEEK, TELL.

❑ Compatibilité

TURBO C	MSCT C	QUICK C	UNIX V	ANSI
1..2	*3..5*	*Oui*	*Oui*	*Oui*

ftime

❑ But

Date-temps.

❑ Syntaxe

void **ftime**(struct timeb *time);

⇨ **time:** pointeur sur la structure (timeb) où l'heure est retournée.

❑ Description

Récupération de la date en cours et mémorisation dans une structure de type «timeb».

❑ Fichier Include

```
#include <sys\timeb.h>
```

❑ Exemple

```
current_time = ftime(&time_buffer);
```

❑ Remarque

La structure «timeb» est définie dans le fichier «timeb.h».

Sa structure est la suivante:

```
struct timeb
{
long time;
   /*nombre de secondes depuis le 01/01/70 heures GMT*/

short millitm;
   /* fraction de seconde, en millisecondes             */

short timezone;
   /* différence en minutes entre l'heure locale et GMT  */

short dstflag;
   /* Flag indiquant le décalage pour l'heure d'été     */
};
```

❑ Voir aussi les fonctions

ASCTIME, CTIME, GMTIME, LOCALTIME, TIME, TZSET.

❑ Compatibilité

TURBO C	MSCT C	QUICK C	UNIX V	ANSI
2	*3..5*	*Oui*	*Oui*	*Non*

fcvt

❑ But

Conversion de données.

❑ Syntaxe

char ***fcvt**(double value, int count, int *dec,
int *sign);

⇨ **value:** nombre de type virgule flottante à convertir.
⇨ **count:** indique le nombre de bits à stocker.
⇨ **dec:** indique en quelle position sera placé le point décimal dans la chaîne.
⇨ **sign:** indique la valeur du signe:
«0» si value est positif;
« -1» si négatif.

❑ Description

Conversion d'un nombre de type virgule flottante en une chaîne de caractères.

❑ Fichier Include

```
#include <stdlib.h>
```

❑ Exemple

```
str = fcvt(10.345,6,&position,&sign);
```

❑ Remarque

ftime arrondit le résultat dans le cas ou le nombre de bits du nombre à convertir dépasse celui de la chaîne. Dans le cas inverse, où la chaîne est plus petite que la valeur de «count», **fcvt** remplit de zéros les bits restants.

❑ Voir aussi les fonctions

ATOF, ECVT, GCVT, ITOA, LTOA, ULTOA.

❑ Compatibilité

TURBO C	MSCT C	QUICK C	UNIX V	ANSI
1..2	*3..5*	*Oui*	*Oui*	*Non*

fwrite

❑ But

Entrée-sortie.

❑ Syntaxe

int **fwrite**(const void *buffer, int size,
 int count, FILE *file_pointer);

⇨ **void *buffer:** pointeur sur le buffer où les données seront écrites par **fwrite**.
⇨ **int size:** taille en octets de chaque donnée à écrire.
⇨ **int count:** nombre maximun d'éléments de taille «size».
⇨ **FILE *file_pointer:** flux où les données seront écrites.

❑ Description

fwrite écrit des données dans un flux associé à un fichier à partir de sa position courante.

❑ Fichier Include

```
#include <stdio.h>
```

❑ Exemple

```
num_write = fwrite(buffer,255,25, out-
file);
```

❑ Remarques

Les données à écrire se trouvent dans le buffer («buffer»). **fwrite** écrit donc les «count» données, chacune ayant la taille «size».

Après l'écriture, le pointeur de la position courante du fichier est mis à jour. L'une des utilisation courantes de **fwrite** est l'écriture des fichiers binaires. En retour, **fwrite** renvoie le nombre d'éléments écrits. Si ce nombre est inférieur au nombre total des éléments à écrire, il y a donc eu une erreur.

❑ Voir aussi les fonctions

FREAD, WRITE.

❑ Compatibilité

TURBO C	MSCT C	QUICK C	UNIX V	ANSI
1..2	*3..5*	*Oui*	*Oui*	*Oui*

gcvt

❑ But

Conversion de données.

❑ Syntaxe

char ***gcvt**(double value, int digits, char *buffer);

⇨ **value:** réel à convertir.
⇨ **digits:** nombre de bits à stocker.
⇨ **buffer:** pointeur sur la chaîne où se trouve le résultat.

❑ Description

gcvt convertit un nombre réel de type virgule flottante en chaîne de caractères.

❑ Fichier Include

```
#include <stdlib.h>
```

❑ Exemple

```
status = gcvt(value, signifi-
cants_digits, resulting_string);
```

❑ Remarques

A l'inverse des fonctions ECVT et FCVT, la fonction **gcvt** introduit dans la chaîne résultat le point décimal et le signe. De plus, la chaîne contenant la conversion est stockée à l'adresse précisée par l'argument «buffer».

❑ Voir aussi les fonctions

ATOF, ECVT, FCVT, ITOA, LTOA, ULTOA.

❑ Compatibilité

TURBO C	MSCT C	QUICK C	UNIX V	ANSI
1..2	*3..5*	*Oui*	*Oui*	*Non*

getbkcolor

❑ But

Mode graphique.

❑ Syntaxe

int far **getbkcolor**(void);

❑ Description

Retourne la couleur de fond active ou actuelle («background»).

❑ Fichier Include

```
#include <graphics.h>
```

❑ Exemple

```
couleur_fond = getbkcolor();
```

❑ Remarques

L'utilisation courante de cette fonction est la sauvegarde de la couleur de fond afin de pouvoir la récupérer ultérieurement. Voir la fonction SETBKCOLOR pour affecter une autre couleur de fond.

❑ Voir aussi la fonction

SETBKCOLOR.

❏ Compatibilité

TURBO C	MSCT C	QUICK C	UNIX V	ANSI
1,5..2	*5*	*Equ*	*Non*	*Non*

❏ Equivalent

_getbkcolor

getc

❑ But

Entrée-sortie.

❑ Syntaxe

int **getc**(FILE *file_pointer);

⇨ **FILE *file_pointer:** flux associé au fichier.

❑ Description

La macro **getc** lit le caractère à la position courante du flux puis renvoie le caractère converti en type «int».

❑ Fichier Include

```
#include <stdio.h>
```

❑ Exemple

```
car_lu = getc(stream);
```

❑ Remarque

getc est identique à FGETC, la seule différence est que **getc** est considérée comme une macro alors que FGETC est une fonction. Pour plus de détails, se reporter à la fonction FGETC.

❑ Voir aussi les fonctions

GETCHAR, FGETC, FPUTC,
PUTC, PUTCHAR.

❑ Compatibilité

TURBO C	MSCT C	QUICK C	UNIX V	ANSI
1..2	*3..5*	*Oui*	*Oui*	*Oui*

getch

❑ But

Entrée-sortie.

❑ Syntaxe

int **getch**(void);

❑ Description

La fonction **getch** lit un caractère depuis le clavier, sans écho à l'écran.

❑ Fichier Include

```
#include <conio.h>
```

❑ Exemple

```
in_char = getch();
```

❑ Remarques

Un «CONTROL-C» pendant **getch** provoque l'interruption MS-DOS INT 23H. La fonction **getch** retourne le caractère saisi. Si une touche de fonction ou si une flèche de déplacement a été saisie, **getch** retourne la valeur zéro.

❑ Voir aussi les fonctions

GETCHE, GETCHAR.

❑ Compatibilité

TURBO C	MSCT C	QUICK C	UNIX V	ANSI
1..2	*3..5*	*Oui*	*Non*	*Non*

getchar

❑ **But**

Entrée-sortie.

❑ **Syntaxe**

int **getchar**(void);

❑ **Description**

La macro **getchar** lit un caractère à partir du flux d'entrée standard STDIN qui est normalement connecté au clavier.

❑ **Fichier Include**

```
#include <stdio.h>
```

❑ **Exemple**

```
c = getchar();
```

❑ **Remarques**

La macro **getchar** équivaut à la fonction FGETCHAR. Pour plus de détails, se reporter à la fonction FGETCHAR.

❑ **Voir aussi les fonctions**

GETC, FGETCHAR, FGETC, FPUTC.
FPUTCHAR, PUTC, PUTCHAR.

❑ **Compatibilité**

TURBO C	MSCT C	QUICK C	UNIX V	ANSI
1..2	*3..5*	*Oui*	*Oui*	*Oui*

getche

❑ But
Entrée-sortie.

❑ Syntaxe
int **getche**(void);

❑ Description
La fonction **getche** lit un caractère au clavier, avec écho à l'écran .

❑ Fichier Include
```
#include <conio.h>
```

❑ Exemple
```
in_char = getche();
```

❑ Remarques
Un «CONTROL-C» pendant **getche** provoque l'interruption MS DOS INT 23H. La fonction **getche** retourne le caractère saisi. Si une touche de fonction ou si une flèche de déplacement a été saisie, **getche** retourne la valeur zéro.

❑ Voir aussi les fonctions
GETCH, GETCHAR.

❑ Compatibilité

TURBO C	MSCT C	QUICK C	UNIX V	ANSI
1..2	*3..5*	*Oui*	*Non*	*Non*

getcolor

❑ But
Mode graphique.

❑ Syntaxe
int far **getcolor**(void);

❑ Description
Retourne la valeur active de la couleur.

❑ Fichier Include
```
#include <graphics.h>
```

❑ Exemple
```
couleur_actuelle = getcolor();
```

❑ Remarques
L'utilisation courante de cette fonction est la sauvegarde de la couleur afin de pouvoir la récupérer ultérieurement.

❑ Voir aussi la fonction
SETCOLOR.

❑ Compatibilité

TURBO C	MSCT C	QUICK C	UNIX V	ANSI
1,5..2	*5*	*Equ*	*Non*	*Non*

❑ Equivalent
_getcolor

getcwd

❑ But

Manipulation de fichier.

❑ Syntaxe

char ***getcwd**(char *path, int numchar);

⇨ **char *path:** buffer où est stocké le chemin d'accès du répertoire.

⇨ **int numchar:** nombre d'octets nécessaires à l'argument «path» pour mémoriser le chemin d'accès.

❑ Description

La fonction **getcwd** stocke le chemin d'accès du répertoire courant dans le buffer «path».

❑ Fichier Include

```
#include <dir.h>
```

❑ Exemple

```
getcwd(cur_directory, 64);
```

❑ Remarques

L'argument «numchar» spécifie la taille du buffer qui contiendra le chemin d'accès. Avec MS-DOS, le chemin d'accès complet peut avoir une taille maximale de 64 caractères.

La fonction **getcwd** alloue «numchar» octets avec MALLOC pour stocker «path». On peut libérer ces octets en utilisant FREE.

En cas de succès **getcwd** retourne un pointeur sur «path», sinon, la valeur NULL en affectant la variable globale ERRNO par la constante ENOEM. Si la taille du chemin d'accès est supérieure à «numchar», ERRNO sera affecté par ERANGE.

❑ **Voir aussi la fonction**

CHDIR.

❑ **Compatibilité**

TURBO C	MSCT C	QUICK C	UNIX V	ANSI
1..2	*3..5*	*Oui*	*Oui*	*Non*

getdate

❑ But

Date-temps.

❑ Syntaxe

void **getdate**(struct date *datep);

⇨ **struct date *datep:** pointeur sur la structure de type «date».

❑ Description

La fonction **getdate** lit la date du système MS-DOS. **getdate** appelle la fonction INT 2AH.

❑ Fichier Include

```
#include <dos.h>
```

❑ Exemple

```
getdate(&date);
```

❑ Remarque

La structure «date» est utilisée par **getdate** afin de stocker les différents champs de la date provenant de MS-DOS.

```
struct date
{
int da_year ;          /* année en cours (1980-2090). */
char da_day ;          /* jour du mois    (1-31).     */
char da_mon ;          /* mois            (1-12).     */
}
```

❑ Voir aussi les fonctions

SETDATE, GETTIME, SETTIME.

❑ Compatibilité

TURBO C	MSCT C	QUICK C	UNIX V	ANSI
1..2	*5*	*Equ*	*Non*	*Non*

❑ Equivalent

_dos_getdate

getdfree

❑ But

Appel système.

❑ Syntaxe

unsigned **getdfree**(unsigned drive,
struct dfree *dinfo);

⇨ **unsigned drive:** unité de disque.

⇨ **struct dfree *dinfo:** pointeur sur la structure contenant les informations relatives au disque.

❑ Description

La fonction **getdfree** détermine les caractéristiques du disque, comme la capacité totale ou l'espace libre disponible.

❑ Fichier Include

```
#include <dos.h>
```

❑ Exemple

```
getdfree(0, &disk_info);
```

❑ Remarques

getdfree utilise l'interruption MS-DOS INT 36H.
L'argument «drive» peut prendre les valeurs suivantes

Drive	Signification
0	Disque courant
1	A
2	B
3	C

La structure de type «dfree» dans laquelle seront retournées les informations, est définie dans le fichier include dos.h de la manière suivante:

```
struct dfree
{
unsigned df_avail;        /* Nombre de clusters libres */
unsigned df_total;        /* Nombre total de clusters  */
unsigned df_bsec;         /* Octets par secteur        */
unsigned df_sclus;        /* Secteurs par cluster      */
}
```

En cas d'erreur, **getdfree** affecte le champ «df_sclus» de la structure «dfree» par la valeur «-1». Cette fonction est surtout utilisée pour vérifier s'il y a assez de place sur un disque pour sauvegarder un fichier.

❑ Voir aussi les fonctions

GETDISK, SETDISK.

❑ Compatibilité

TURBO C	MSCT C	QUICK C	UNIX V	ANSI
1..2	*5*	*Equ*	*Non*	*Non*

❑ Equivalent

_dos_getdiskfree

getdisk

❑ But
Appel système.

❑ Syntaxe
int **getdisk**(void);

❑ Description
getdisk retourne l'unité de disque courante.

❑ Fichier Include
```
#include <dir.h>
```

❑ Exemple
```
num_drive = getdisk();
```

❑ Remarques
getdisk utilise l'interruption MS-DOS INT 19H.
La fonction **getdisk** retourne donc la valeur de l'unité de disque courante (0=A, 1=B, 2=C, ...).

❑ Voir aussi la fonction
SETDISK.

❑ Compatibilité

TURBO C	MSCT C	QUICK C	UNIX V	ANSI
1..2	*5*	*Equ*	*Non*	*Non*

❑ Equivalent
_dos_getdrive

getenv

❑ But

Gestion de processus.

❑ Syntaxe

char***getenv**(const char*varname);

⇨ **`const char*varname:`** nom de la variable de l'environnement à rechercher.

❑ Description

getenv recherche le contenu d'une variable d'environnement et renvoie le pointeur correspondant à l'adresse de la chaîne.

❑ Fichier Include

```
#include <stdlib.h>
```

❑ Exemple

```
chemin = getenv("Path");
```

❑ Remarque

Si la variable de l'environnement n'existe pas, **getenv** retourne la valeur NULL.

❑ Voir aussi la fonction

PUTENV.

❑ Compatibilité

TURBO C	MSCT C	QUICK C	UNIX V	ANSI
1..2	*3..5*	*Oui*	*Oui*	*Oui*

getfillpattern

❑ But

Mode graphique.

❑ Syntaxe

void far **getfillpattern**(char far *pattern);

⇨ **char far*pattern:** matrice caractérisant le motif.

❑ Description

Retourne une matrice de 8 x 8 bits représentant le motif actif.

❑ Fichier Include

```
#include <graphics.h>
```

❑ Exemple

```
char motif_courant [8];
getfillpattern(motif_courant);
```

❑ Remarques

Chaque bit correspond à un pixel du motif. La matrice permet donc de connaître la valeur des pixels du motif. La fonction **getfillpattern** est surtout utilisée pour sauvegarder un motif défini par l'utilisateur.

❑ Compatibilité

TURBO C	MSCT C	QUICK C	UNIX V	ANSI
1,5..2	*5*	*Equ*	*Non*	*Non*

❑ Equivalent

_getfillmask

getftime

❑ But

Appel système.

❑ Syntaxe

int **getftime**(int handle, struct ftime *ftimep);

⇨ **int handle:** identificateur du fichier.

⇨ **struct ftime*ftimep:** pointeur sur la structure contenant les informations relatives à la date et à l'heure.

❑ Description

getftime donne l'heure et la date de création d'un fichier ou de sa dernière modification.

❑ Fichier Include

```
#include <io.h>
```

❑ Exemple

```
getftime(file_handle, &dtinfo);
```

❑ Remarques

L'identificateur «handle» est obtenu précédemment par les fonctions comme _OPEN ou _CREAT. **getftime** appelle l'interruption MS-DOS INT 57H.

La structure «ftime» contiendra l'heure et la date du fichier et est définie dans le fichier include io.h de la manière suivante:

```
struct ftime
{
unsigned ft_tsec;       /* Secondes.              */
unsigned ft_min;        /* Minutes.               */
unsigned ft_hour;       /* Heures.                */
unsigned ft_day;        /* Jour.                  */
unsigned ft_month;      /* Mois.                  */
unsigned ft_year;       /* Année depuis 1980.     */
}
```

GETFTIME retourne la valeur «0» en cas de succès, sinon la valeur «-1» en affectant la variable globale ERRNO de la constante EBADF ou de EINVFNC.

❑ Voir aussi les fonctions

SETFTIME, _OPEN, _CREAT.

❑ Compatibilité

TURBO C	MSCT C	QUICK C	UNIX V	ANSI
1..2	*5*	*Equ*	*Non*	*Non*

❑ Equivalent

_dos_getftime

getimage

❑ But

Dessin.

❑ Syntaxe

void far***getimage**(int left, int top, int right,
int bottom,
void far *image_buffer);

⇨ **int left, top:** coin en haut à gauche.
⇨ **int right, bottom:** coin en bas à droite.
⇨ **image_buffer:** buffer contenant l'image en mode bit-map.

❑ Description

Sauve en mémoire une image rectangulaire de l'écran.

❑ Fichier Include

```
#include <graphics.h>
```

❑ Exemple

```
getimage(50,50,150,150,image);
```

❑ Remarques

La taille maximale de l'image a sauvegarder est de 64 K. La fonction **getimage** mémorise les valeurs des pixels correspondant à la surface rectangulaire définie dans les arguments de **getimage**.

L'utilisateur doit veiller à allouer suffisamment d'espace mémoire pour le buffer. La fonction IMAGESIZE permet d'évaluer la taille de l'image.

❑ Voir aussi les fonctions

IMAGESIZE, PUTIMAGE.

❑ Compatibilité

TURBO C	MSCT C	QUICK C	UNIX V	ANSI
1,5..2	*5*	*Equ*	*Non*	*Non*

❑ Equivalent

_getimage

getlinesettings

❑ But
Mode graphique.

❑ Syntaxe
void far **getlinesettings**(struct linesettingstype far *lineinfo);

⇨ **struct linesettingstype far *lineinfo:** pointeur sur la structure de type «linestyle».

❑ Description
Retourne la structure actuelle des lignes utilisées en graphisme.

❑ Fichier Include
```
#include <graphics.h>
```

❑ Exemple
```
getlinesettings(&info_ligne);
```

❑ Remarques
Si la structure des lignes utilisées en graphique est modifiée, la fonction **getlinesettings** permet de sauvegarder et donc de restaurer ultérieurement l'état et la structure initiaux des lignes.

La structure «linestyle» est:

```
struct linesettingstype
{
int linestyle;          /* numéro du style de la ligne.          */
unsigned upattern ; /* utilisé seulement quand «linestyle»
                           est USERBIT_LINE (4).                 */
int thickness;          /*  épaisseur: 1 ou 3 pixels.            */
}
```

❑ Voir aussi les fonctions

SETLINESTYLE, LINETO.

❑ Compatibilité

TURBO C	MSCT C	QUICK C	UNIX V	ANSI
1,5..2	*5*	*Equ*	*Non*	*Non*

❑ Equivalent

_getlinesettings

getpixel

❑ But
Dessin.

❑ Syntaxe
unsigned far **getpixel**(int x, int y);

⇨ **int x, y**: coordonnées du pixel.

❑ Description
Retourne la couleur du pixel spécifié.

❑ Fichier Include
```
#include <graphics.h>
```

❑ Exemple
```
couleur = getpixel(50,130);
```

❑ Remarques
La fonction **getpixel** vérifie d'abord si les coordonnées appartiennent à la fenêtre active (définie par VIEWPORT).

Si le pixel est à l'intérieur de la fenêtre, **getpixel** retourne donc la valeur du pixel. Sinon, la fonction renvoie la valeur 0.

❑ Voir aussi la fonction

PUTPIXEL.

❑ Compatibilité

TURBO C	MSCT C	QUICK C	UNIX V	ANSI
1.,5.2	*5*	*Equ*	*Non*	*Non*

❑ Equivalent

_getpixel

gets

❑ But

Entrée-sortie.

❑ Syntaxe

char ***gets**(char *buffer);

⇨ **char *buffer:** buffer où sera stockée la chaîne.

❑ Description

gets retourne une chaîne de caractères depuis le flux standard d'entrée STDIN.

❑ Fichier Include

```
#include <stdio.h>
```

❑ Exemple

```
gets(ligne_saisie);
```

❑ Remarques

La fin de la saisie de la chaîne est signifiée par la touche ENTER. **gets** remplacera dans la chaîne «buffer» la valeur de cette touche par «\0». **gets** retourne en cas de succès la chaîne de caractères, sinon renvoie la constante NULL.
Les fonctions ou macros FERROR et FEOF permettent de déterminer, si une erreur s'est produite, son origine.

❑ Voir aussi les fonctions

FGETS, FPUTS, PUTS.

❑ Compatibilité

TURBO C	MSCT C	QUICK C	UNIX V	ANSI
1..2	*3..5*	*Oui*	*Oui*	*Oui*

gettime

❑ But

Appel système.

❑ Syntaxe

void **gettime**(struct time *timep);

⇨ **struct time *timep**: pointeur sur la structure contenant l'heure.

❑ Description

La fonction **gettime** récupère l'heure système et la mémorise dans la structurc «struct.time» sur laquelle pointe «timep».

❑ Fichier Include

```
#include <dos.h>
```

❑ Exemple

```
gettime = (&time_info);
```

❑ Remarque

La structure dans laquelle seront mémorisées les composantes de l'heure est du type suivant:

```
struct time
{
unsigned char ti_min ;    /* minutes (0-59).                */
unsigned char ti_hour;    /* heure (0-23).                  */
unsigned char ti_hund;    /*centième de seconde (0-99).     */
unsigned char ti_sec;     /*seconde  (0-59).                */
};
```

❑ Voir aussi les fonctions

SETTIME, GETDATE, SETDATE.

❑ Compatibilité

TURBO C	MSCT C	QUICK C	UNIX V	ANSI
1..2	*5*	*Equ*	*Non*	*Non*

❑ Equivalent

_dos_gettime

getvect

❑ But

Appel système.

❑ Syntaxe

void interrupt(***getvect**(int num_interrupt))();

⇨ **int num_interrupt:** numéro d'interruption.

❑ Description

La fonction **getvect** retourne la valeur du vecteur d'interruption de l'interruption «num_interrupt».

❑ Fichier Include

```
#include <dos.h>
```

❑ Exemple

```
adres_interrup=getvect(num_interrupt);
```

❑ Remarques

getvect utilise l'interruption MS-DOS INT 35H.

❑ Voir aussi les fonctions

DISABLE, ENABLE, SETVECT.

❑ Compatibilité

TURBO C	MSCT C	QUICK C	UNIX V	ANSI
1..2	*5*	*Equ*	*Non*	*Non*

❑ Equivalent

_dos_getvect

getw

❑ But

Entrée-sortie.

❑ Syntaxe

int **getw**(FILE *file_pointer);

⇨ **FILE *file_pointer:** flux associé à un fichier.

❑ Description

La fonction **getw** lit un entier depuis la position courante du fichier associé à un flux. La nouvelle position courante est incrémentée de deux octets (un mot) et mise à jour.

❑ Fichier Include

```
#include <stdio.h>
```

❑ Exemple

```
entier = getw(infile);
```

❑ Remarques

En cas de succès **getw** retourne l'entier lu, sinon renvoie EOF. Dans ce cas, les fonctions ou macros FERROR et FEOF permettront de déterminer de quelle erreur il s'agit.

❑ Voir aussi la fonction

PUTW.

❑ Compatibilité

TURBO C	MSCT C	QUICK C	UNIX V	ANSI
1..2	*3..5*	*Oui*	*Oui*	*Non*

getx

❑ **But**

Mode graphique.

❑ **Syntaxe**

int far **getx**(void);

❑ **Description**

Retourne l'abscisse de la position active.

❑ **Fichier Include**

```
#include <graphics.h>
```

❑ **Exemple**

```
x_position = getx();
```

❑ **Remarque**

L'origine dans une fenêtre graphique est le coin supérieur gauche de coordonnées (0,0).

❑ **Voir aussi les fonctions**

MOVETO, GETY.

❑ **Compatibilité**

TURBO C	MSCT C	QUICK C	UNIX V	ANSI
1,5..2	*5*	*Equ*	*Non*	*Non*

❑ **Equivalent**

_getcurrentposition

gety

❑ **But**

Mode graphique.

❑ **Syntaxe**

int far **gety**(void);

❑ **Description**

Retourne l'ordonnée de la position active.

❑ **Fichier Include**

```
#include <graphics.h>
```

❑ **Exemple**

```
y_position = gety();
```

❑ **Remarques**

L'origine dans une fenêtre graphique est le coin supérieur gauche de coordonnées (0,0).

❑ **Voir aussi les fonctions**

MOVETO, GETX.

❑ **Compatibilité**

TURBO C	MSCT C	QUICK C	UNIX V	ANSI
1,5..2	*5*	*Equ*	*Non*	*Non*

❑ **Equivalent**

_getcurrentposition

gmtime

❑ But

Date-temps.

❑ Syntaxe

struct tm ***gmtime**(const time_t *time);

⇨ **const time_t *time:** pointeur sur la structure contenant l'heure à convertir.

❑ Description

Conversion d'une heure et d'une date au format standard «GMT» (Greenwich Meridien Time).

❑ Fichier Include

```
#include <time.h>
```

❑ Exemple

```
gmt_heure = gmtime(&heure_courante);
```

❑ Remarque

La structure «struct tm» est définie dans le fichier <time.h> de la manière suivante:

```
struct tm
{
int tm_sec;        /* seconde                    (0,59)   */
int tm_min;        /* minutes                    (0,59)   */
int tm_hour;       /* heures depuis minuit       (0,23)   */
int tm_mday;       /* jour du mois               (0,31    */
int tm_mon;        /* mois depuis janvier        (0,11)   */
int tm_year;       /* année depuis 1900                   */
int tm_wday;       /* jour depuis dimanche       (0,6)    */
int tm_yday;       /* jour depuis 1er janvier    (0,365)  */
int tm_isdst;      /* matinée ou soirée: flag             */
};
```

❑ Voir aussi les fonctions

ASCTIME, LOCALTIME, TIME.

❑ Compatibilité

TURBO C	MSCT C	QUICK C	UNIX V	ANSI
1..2	*3..5*	*Oui*	*Oui*	*Oui*

gotoxy

❑ But

Mode texte.

❑ Syntaxe

void **gotoxy**(int x, int y);

⇨ **int x,y:** coordonnées de la nouvelle position du curseur.

❑ Description

Positionne le curseur aux coordonnées spécifiées (colonne, ligne) dans une fenêtre en mode texte.

❑ Fichier Include

```
#include <conio.h>
```

❑ Exemple

```
gotoxy(5,5);
```

❑ Remarques

gotoxy positionne le curseur dans la fenêtre de texte actif. L'origine en mode texte est le coin supérieur gauche (1,1).
Si les coordonnées (x,y) sont en dehors des limites de la fenêtre, **gotoxy** ignore la requête.

❑ Voir aussi les fonctions

WHEREX, WHEREY, WINDOW.

❑ Compatibilité

TURBO C	MSCT C	QUICK C	UNIX V	ANSI
1..2	*5*	*Equ*	*Non*	*Non*

❑ Equivalent

_settextposition

harderr

❑ But

Appel système.

❑ Syntaxe

void **harderr**(int (*funcptr)();

⇨ **int (*funcptr)():** pointeur sur une fonction qui sera appelée lors d'une erreur matérielle.

❑ Description

La fonction **harderr** permet d'installer une nouvelle fonction qui sera appelée automatiquement lors d'une erreur matérielle critique, par l'interruption MS-DOS INT 24H (Critical Error).

❑ Fichier Include

```
#include <dos.h>
```

❑ Exemple

```
error_handler(int errval, int ax, int
bp,int si);
harderr(error_handler);
```

❑ Remarques

Le gestionnaire des erreurs («*funcptr») sera appelé de la manière suivante par l'interruption INT 24H:

*funcptr(int errval, int ax, int bp, int si);

«errval»	Code d'erreur retourné par le registre DX.
«ax»	Valeur du registre AX.
«bp»	Valeur du registre BP.
«si»	Valeur du registre SI.

Les différentes valeurs du code d'erreur («errval») expriment les erreurs matérielles:

Errval	Signification (Hexa)
0	Tentative d'écriture sur une disquette protégée.
1	Unité de disque invalide.
2	Lecteur de disquette pas prêt.
3	Commande invalide.
4	Erreur dans le CRC dans les données.
5	Mauvaise requête.
6	Erreur de recherche ou de positionnement.
7	Type du support inconnu.
8	Secteur pas trouvé.
9	Plus de papier dans l'imprimante.
A	Erreur d'écriture.
B	Erreur de lecture.
C	Incident général.

Si une erreur matérielle est survenue pendant une opération d'entrée sortie avec le disque ou la disquette, le bit le plus significatif (15) du registre AX sera positionné à 0 et ses autres bits auront la signification suivante:

Bits (AX)	Signification
15	0: Erreur sur le disque. 1: Pas d'erreur sur le disque.
14	Inutilisé.
13	0: "Ignore".
12	0: "Retry".
11	0: "Abort".
9-10	Indique l'emplacement du disque où l'erreur s'est produite: 00: MS-DOS 01: File Allocation Table (FAT). 10: Répertoire. 11: Données.
8	1: Erreur en écriture. 0: Erreur en lecture.

Les autres bits contiendront le numéro de l'unité de disque où l'erreur matérielle s'est produite. La fonction **harderr** vous permet aussi d'utiliser certaines interruptions MS-DOS (de 01h à 0Ch et 59h).

❑ Voir aussi les fonctions

GETVECT, HARDRESUME, HARDRTN.
SETVECT, KEEP.

❑ Compatibilité

TURBO C	MSCT C	QUICK C	UNIX V	ANSI
1..2	*5*	*Equ*	*Non*	*Non*

❑ Equivalent

_harderr

hardresume

❑ But

Appel système.

❑ Syntaxe

void **hardresume**(int returncode);

⇨ **int returncode:** valeur de retour pour le gestionnaire d'erreur matérielle.

❑ Description

La fonction **hardresume** permet de retourner au MS-DOS depuis le gestionnaire installé par la fonction HARDERR.

❑ Fichier Include

```
#include <dos.h>
```

❑ Exemple

```
hardresume(2);
/* Retourne au DOS et abandonne le pro-
gramme */
```

❑ Remarques

L'argument «returncode» est l'action à exécuter à la sortie du gestionnaire. Les différentes actions possibles sont les suivantes:

Returncode	Signification
0	Ignorer l'erreur. (IGNORE).
1	Recommencer l'opération qui a occasionné l'erreur. (RETRY).
2	Abandonner le programme en utilisant l'interruption INT 23H. (ABORT).

Cette fonction s'utilise uniquement avec le gestionnaire des erreurs matérielles.

❑ Voir aussi les fonctions

HARDRETN.

❑ Compatibilité

TURBO C	MSCT C	QUICK C	UNIX V	ANSI
1..2	*5*	*Equ*	*Non*	*Non*

❑ Equivalent

_hardresume

hardrtn

❑ But

Appel système.

❑ Syntaxe

void **hardrtn**(int errorcode);

⇨ **int errorcode:** code d'erreur renvoyé au programme principal.

❑ Description

hardrtn retourne dans le programme principal depuis le gestionnaire d'erreurs matérielles installé par la fonction HARDERR.

❑ Fichier Include

```
#include <dos.h>
```

❑ Exemple

```
hardrtn(0);
```

❑ Remarques

hardrtn retourne dans le programme le code d'erreur du type MS-DOS (0 = IGNORE, 1 = RETRY, 2 = ABORT).

Si le numéro de l'interruption MS-DOS dans laquelle l'erreur matérielle est survenue est supérieur ou égal à 38h, alors **hardrtn** affecte le registre AX du code d'erreur (errcode).

Sinon (inférieur ou égal à 37h), **hardrtn** retourne la valeur FFh dans le programme.

Cette fonction s'utilise uniquement avec le gestionnaire des erreurs matérielles.

❑ Voir aussi la fonction

HARDRESUME.

❑ Compatibilité

TURBO C	MSCT C	QUICK C	UNIX V	ANSI
1..2	*5*	*Equ*	*Non*	*Non*

❑ Equivalent

_hardretn

hypot

❑ But

Calcul mathématique.

❑ Syntaxe

double **hypot**(double x, double y);

⇨ **double x, y:** les valeurs pour lesquelles l'hypoténuse sera calculée.

❑ Description

Calcul de la longueur de l'hypoténuse d'un triangle d'après la formule:

Résultat = sqrt(x*x + y*y).

❑ Fichier Include

```
#include <math.h>
```

❑ Exemple

```
long_hypo = hypot(3.0, 4.0);
/*  long_hypo = 5.0  */
```

❑ Remarque

En cas de dépassement de capacité, la fonction **hypot** retourne la valeur HUGE_VAL et affecte la variable globale ERRNO par la valeur ERANGE.

❑ Voir aussi la fonction

CABS.

❑ Compatibilité

TURBO C	MSCT C	QUICK C	UNIX V	ANSI
1..2	*3..5*	*Oui*	*Oui*	*Non*

imagesize

❑ But

Dessin.

❑ Syntaxe

unsigned **imagesize**(int left, int top,
int right, int bottom);

⇨ **int left, top:** coordonnées du coin supérieur gauche.
⇨ **int right, bottom:** coordonnées du coin inférieur droit.

❑ Description

imagesize retourne le nombre d'octets nécessaires pour mémoriser une image correspondant à la taille du rectangle spécifié. La surface du rectangle est obtenue grâce aux coordonnées (left, top) et (right, bottom).

❑ Fichier Include

```
#include <graphics.h>
```

❑ Exemple

```
num_octet = imagesize(10,10,150,150);
```

❑ Remarques

imagesize doit être appelée avant d'allouer de la mémoire pour sauvegarder l'image par GETIMAGE. Le nombre d'octets nécessaires pour stocker une image est fonction du nombre de bits nécessaire par pixel.

Le nombre de bits par pixel dépend directement du mode graphique utilisé.
imagesize retourne un entier non signé de 16 bits. Donc, la taille maximale pouvant être stockée est de 64 K.

❑ Voir aussi les fonctions

GETIMAGE, PUTIMAGE.

❑ Compatibilité

TURBO C	MSCT C	QUICK C	UNIX V	ANSI
1,5..2	*5*	*Equ*	*Non*	*Non*

❑ Equivalent

_imagesize

inport

❑ But

Entrée-sortie.

❑ Syntaxe

int **inport**(int port);

⇨ **int port:** adresse du port matériel [0..65535].

❑ Description

La fonction **inport** permet de lire un mot de 16 bits sur le port entrée-sortie.

❑ Fichier Include

```
#include <dos.h>
```

❑ Exemple

```
word = inport(0x20);
```

❑ Remarques

La fonction **inport** utilise l'instruction assembleur IN. Elle retourne le mot (16 bits) lu.

❑ Voir aussi les fonctions

INPORTB, OUTPORT, OUTPORTB.

❑ Compatibilité

TURBO C	MSCT C	QUICK C	UNIX V	ANSI
1..2	*5*	*Equ*	*Non*	*Non*

❑ Equivalent

_inpw

inportb

❑ But

Entrée-sortie.

❑ Syntaxe

unsigned char **inportb**(int port);

⇨ **int port:** adresse du port matériel [0...65 535].

❑ Description

La fonction **inportb** permet de lire un octet sur le port entrée-sortie.

❑ Fichier Include

```
#include <dos.h>
```

❑ Exemple

```
byte = inportb(0x20);
```

❑ Remarques

inportb est en fait une interface C pour l'instruction assembleur IN. Elle retourne l'octet lu. Certains périphériques comme le haut-parleur ne sont pas directement accessibles par les interruptions du BIOS et de MS-DOS. Ils le sont seulement par les instructions assembleur IN et OUT.

Les fonctions **inportb** et OUTPORTB permettent de s'adresser à ces périphériques.

❑ Voir aussi les fonctions

INPORT, OUTPORT, OUTPORTB.

❑ Compatibilité

TURBO C	MSCT C	QUICK C	UNIX V	ANSI
1..2	*5*	*Equ*	*Non*	*Non*

❑ Equivalent

_inp

int86

❑ But

Appel système.

❑ Syntaxe

int **int86**(int intno, union REGS *inregs,
union REGS *outregs);

⇨ **int intno:** interruption à exécuter.
⇨ **union REGS *inregs:** structure contenant les valeurs à affecter aux registres avant l'interruption.
⇨ **union REGS *outregs:** structure contenant les valeurs des registres après l'interruption.

❑ Description

La fonction **int86** exécute l'interruption logicielle «intno» du 8086 après avoir chargé les registres de l'unité centrale par le contenu de la structure «inregs». Après l'exécution de l'interruption, **int86** mémorise le contenu des registres de l'unité centrale dans la structure «outregs».

❑ Fichier Include

```
#include <dos.h>
```

❑ Exemple

```
int86(5, &inregs, &outregs);
/*Imprime le caractère contenu dans
DL*/
```

❑ Remarques

La structure union REGS est définie dans le fichier include dos.h et est destinée à mémoriser le contenu des registres de la manière suivante:

```
struct union REGS
{
struct WORDREGS x;
struct BYTEREGS h;
};
struct WORDREGS
{
unsigned int AX, BX, CX, DX, SI, Cflags, flags;
}
struct BYTEREGS h;
{
unsigned int AL, AH, BL, BH, CL, CH, DL, DH;
};
```

La fonction **int86** est utilisée pour accéder à toutes les interruptions du BIOS et de MS-DOS, comme par exemple déplacer le curseur, lire le clavier.
En cas d'erreur, la fonction **int86** retourne dans le champ «Cflag» de la structure «union REGS»(carry flag) une valeur non nulle et affecte la variable globale _DOSERRNO par le code erreur correspondant.

❑ Voir aussi les fonctions

BDOS, INT86X, INTDOS, INTDOSX.

❑ Compatibilité

TURBO C	MSCT C	QUICK C	UNIX V	ANSI
1..2	*3..5*	*Oui*	*Non*	*Non*

int86x

❑ But

Appel système.

❑ Syntaxe

int **int86x**(int intno, union REGS*inregs,
union REGS*outregs,
struct SREGS*segregs);

⇨ **int intno:** interruption à exécuter.

⇨ **union REGS *inregs:** structure contenant les valeurs à affecter aux registres avant l'interruption.

⇨ **union REGS *outregs:** structure contenant les valeurs des registres après l'interruption.

⇨ **struct SREGS*segregs:** structure contenant les registres de segments.

❑ Description

La fonction **int86x** est identique à INT86, sauf qu'elle utilise en plus les registres de segments.
Certaines interruptions du BIOS et de MS-DOS ou certaines données (par exemple la fonction 3BH de l'interruption 21H) nécessitent les registres de segments.

❑ Fichier Include

```
#include <dos.h>
```

❑ Exemple

int86x(3B, &inregs, &outregs, &segreg);

❑ Remarques

La structure SREGS est définie dans le fichier include dos.h et est destinée à mémoriser le contenu des registres de segments DS et CS de la manière suivante:

```
struct SREGS
    {
    unsigned int ES;
    unsigned int CS;
    unsigned int SS;
    unsigned int DS;
    };
```

Pour plus de détails, se reporter à la fonction INT86. La fonction **int86x** est la plus générale des interfaces aux fonctions du BIOS et de MS-DOS.

❑ Voir aussi les fonctions

BDOS, INT86, INTDOS, INTDOSX.

❑ Compatibilité

TURBO C	MSC C	QUICK C	UNIX V	ANSI
1..2	*3..5*	*Oui*	*Non*	*Non*

INTDOS

❑ But

Appel système.

❑ Syntaxe

```
int intdos(union REGS *inregs,
           union REGS *outregs);
```

⇨ **union REGS *inregs:** structure contenant les valeurs à affecter aux registres avant l'exécution de la fonction.

⇨ **union REGS *outregs:** structure contenant les valeurs des registres après l'exécution de la fonction.

❑ Description

La fonction **intdos** génère une fonction de l'interruption 21H du MS-DOS.

❑ Fichier Include

```
#include <dos.h>
```

❑ Exemple

```
intdos(&inregs, &outregs);
```

❑ Remarques

L'utilisation de la fonction INT86 avec l'interruption 21H est similaire à celle d'**intdos**.

L'avantage de cette dernière est le nombre réduit de ses arguments par rapport à INT86.

Le numéro de la fonction à exécuter avec l'interruption 21H est transmis à **intdos** par l'intermédiaire du registre AH.

Pour plus de détail sur la structure «union», se reporter à la fonction INT86.

En cas d'erreur, la fonction **intdos** retourne dans le champ «Cflag» de la structure «union REGS» (carry flag) une valeur non nulle et affecte la variable globale _DOSERRNO par le code erreur correspondant. Dans le cas où la fonction à exécuter nécessite les registres de segments, il faudra utiliser la fonction INTDOSX.

❑ Voir aussi les fonctions

BDOS INT86, INT86X, INTDOSX.

❑ Compatibilité

TURBO C	MSCT C	QUICK C	UNIX V	ANSI
1..2	*3..5*	*Oui*	*Non*	*Non*

intdosx

❑ But

Appel système

❑ Syntaxe

```
int INTDOSX(union REGS *inregs,
            union REGS *outregs,
            struct SREGS *segregs);
```

⇨ **union REGS *inregs:** structure contenant les valeurs à affecter aux registres avant l'interruption.

⇨ **union REGS *outregs:** structure contenant les valeurs des registres après l'interruption.

⇨ **struct SREGS*segregs:** structure contenant les registres de segments.

❑ Description

La fonction **intdosx** est identique à INTDOS, sauf qu'elle utilise en plus les registres de segments.

En effet, certaines interruptions du BIOS et de MS-DOS ou certaines données nécessitent les registres de segments.

❑ Fichier Include

```
#include <dos.h>
```

❑ Exemple

```
intdosx(&inregs, &outregs, &segreg);
```

❑ Remarque

En cas d'erreur, la fonction **intdosx** retourne dans le champ «Cflag» de la structure «union REGS» (carry flag) une valeur non nulle et affecte la variable globale _DOSERRNO par le code erreur correspondant. Pour plus de détail sur la structure SREGS, se reporter à la fonction INT86X.

❑ Voir aussi les fonctions

BDOS INT86, INT86X, INTDOS.

❑ Compatibilité

TURBO C	MSCT C	QUICK C	UNIX V	ANSI
1..2	*3..5*	*Oui*	*Non*	*Non*

is...

❑ But

Classification.

❑ Syntaxe

```
int isalnum(int c);     /* Lettre ou chiffre            */
                        /* [A..Z] [a..z] [0..9]         */
int isalpha(int c);     /* Lettre                       */
                        /* [A..Z] [a..z]                */
int isascii(int c);     /* ASCII                        */
                        /* [0..127]                     */
int iscntrl(int c);     /* Caractère de contrôle        */
                        /* [0..1Fh]                     */
int isdigit(int c);     /* Chiffre                      */
                        /* [0..9]                       */
int isgraph(int c);     /* Caractère imprimable         */
                        /* excepté l'espace             */
                        /* [21h..7Eh]                   */
int islower(int c);     /* Caractère minuscule          */
                        /* [a..z]                       */
int isprint(int c);     /* Caractère imprimable         */
                        /* [20h..7Eh]                   */
int ispunct(int c);     /*Caractère de ponctuation      */
                        /* [21h..2Fh] [3Ah..40h]        */
                        /* [5Bh..60h] [7Bh..7Ch]        */
int isspace(int c);     /* Espace, Tab, CR, LF, FF      */
                        /* [9h..Dh] [20h]               */
int isupper(int c);     /* Majuscule                    */
                        /* [A..Z]                       */
int isxdigit(int c);    /* Chiffre hexadécimal          */
                        /* [0..9] [A..F] [a..f]         */
```

❑ Description

is.. est une macro. Elle effectue la classification ou le contrôle du paramètre d'entrée. Elle retourne une valeur non nulle si le caractère à tester correspond au critère de classification. Sinon, ce sera la valeur «0» en retour.

❑ Fichier Include

```
#include <io.h>
        ou
#include <ctype.h>
```

❑ Exemple

```
if (isdigit(val) != 0)
 printf("%c Nombre\n", val);
```

❑ Voir aussi la fonction

TOASCII.

❑ Compatibilité

TURBO C	MSCT C	QUICK C	UNIX V	ANSI
1..2	*3..5*	*Oui*	*Oui*	*Oui*

isatty

❑ But

Manipulation de fichier.

❑ Syntaxe

int **isatty**(int handle);

⇨ **int handle:** identificateur d'un périphérique.

❑ Description

La fonction **isatty** détermine si le type d'un périphérique est «atty», c'est-à-dire un clavier, un terminal, une imprimante ou un port asynchrone (liaison série).

❑ Fichier Include

```
#include <io.h>
```

❑ Exemple

```
if (isatty(file_id)) != 0)
 puts("file_id est le clavier)
```

❑ Remarques

isatty retourne une valeur non nulle si le périphérique est du type «atty», sinon zéro.

❑ Compatibilité

TURBO C	MSCT C	QUICK C	UNIX V	ANSI
1..2	*3..5*	*Oui*	*Non*	*Non*

itoa

❑ But

Conversion de données.

❑ Syntaxe

char ***itoa**(int value, char *string, int radix);

⇨ **int value:** valeur à convertir.
⇨ **char *string:** chaîne contenant la représentation.
⇨ **int radix:** base dans laquelle on travaille.

❑ Description

Conversion d'un entier en une chaîne de caractères terminée par NULL.

❑ Fichier Include

```
#include <stdlib.h>
```

❑ Exemple

```
itoa(32, buffer, 16);
 /* buffer contiendra "20" */
```

❑ Remarques

La fonction **itoa** ne retourne pas de code d'erreur. Uniquement dans le cas ou la base spécifiée est décimale, **itoa** représentera le signe du nombre (dans la chaîne) si celui-ci est négatif.

La base est comprise entre [2] et [16]:

[2] : binaire;
[8] : octale;
[10] : décimale;
[16] : hexadécimale.

❑ Voir aussi les fonctions

ECVT, FCVT, GCVT, LTOA, ULTOA.

❑ Compatibilité

TURBO C	MSCT C	QUICK C	UNIX V	ANSI
1..2	*3..5*	*Oui*	*Non*	*Non*

kbhit

❑ **But**

Entrée-sortie.

❑ **Syntaxe**

int **kbhit**(void);

❑ **Description**

La fonction **kbhit** vérifie si une touche a été frappée au clavier.

❑ **Fichier Include**

```
#include <conio.h>
```

❑ **Exemple**

```
while(!kbhit());
```

❑ **Remarques**

kbhit retourne une valeur non nulle si une touche a été frappée, sinon renvoie zéro.

❑ **Compatibilité**

TURBO C	MSCT C	QUICK C	UNIX V	ANSI
1..2	*3..5*	*Oui*	*Non*	*Non*

keep

❑ But

Appel système.

❑ Syntaxe

void **keep**(unsigned char status,
unsigned memsize);

⇨ **unsigned char status:** état de sortie renvoyé au système.

⇨ **unsigned memsize:** taille de la mémoire en paragraphes (16 octets).

❑ Description

La fonction **keep** termine un programme et le laisse résident.

❑ Fichier Include

```
#include <dos.h>
```

❑ Exemple

```
keep(0, size_program);
```

❑ Remarques

keep utilise l'interruption MS-DOS INT 31H.
La fonction **keep** en cas de succès affecte «status» par la valeur «0», sinon par une autre valeur représentant l'erreur.

❑ Voir aussi les fonctions

GETVECT, SETVECT.

❑ Compatibilité

TURBO C	MSCT C	QUICK C	UNIX V	ANSI
1..2	*5*	*Equ*	*Non*	*Non*

❑ Equivalent

_dos_keep

labs

❑ But

Calcul mathématique.

❑ Syntaxe

long **labs**(long n);

❑ Description

La fonction **labs** retourne la valeur absolue des variables de type «long».

❑ Fichier Include

```
#include <stdlib.h>
```

❑ Exemple

```
resultat = labs(-65540L);
/*  resultat = 65540  */
```

❑ Voir aussi les fonctions

ABS, CABS, FABS.

❑ Compatibilité

TURBO C	MSCT C	QUICK C	UNIX V	ANSI
1..2	*3..5*	*Oui*	*Non*	*Oui*

ldexp

❑ But

Calcul mathématique.

❑ Syntaxe

double **ldexp**(double x, int exp);

⇨ **double x:** nombre à élever à la puissance.
⇨ **int exp:** valeur de l'exposant.

❑ Description

Elévation d'un nombre à la puissance.

❑ Fichier Include

```
#include <math.h>
```

❑ Exemple

```
puissance = ldexp(64.0, 10);
/* puissance = 65636.00000 */
```

❑ Remarques

Si le résultat est trop grand, **ldexp** retourne la valeur HUGE_VAL et affecte la variable globale ERRNO par ERANGE.

❑ Voir aussi les fonctions

FREXP, MODF.

❑ Compatibilité

TURBO C	MSCT C	QUICK C	UNIX V	ANSI
1..2	*3..5*	*Oui*	*Oui*	*Oui*

ldiv

❑ But

Calcul mathématique.

❑ Syntaxe

ldvi_t **ldiv**(long quotient, long remainder);

⇨ **long quotient:** numérateur.
⇨ **long remainder:** dénominateur.

❑ Description

Division de deux entiers de type «long». **ldiv** retourne le quotient et le reste.

❑ Fichier Include

```
#include <stdlib.h>
```

❑ Exemple

```
Lresultat = ldiv(65540L, 65536L);
/* Lresultat.quot=1, Lresultat.rem=4 */
```

❑ Remarque

ldiv retourne le résultat de la division dans la structure de type «ldiv_t»:

```
typedef struct
{
long quot ;  /* quotient    */
long rem  ;  /* reste       */
}
```

❑ Voir aussi la fonction

DIV.

❑ Compatibilité

TURBO C	MSCT C	QUICK C	UNIX V	ANSI
1..2	*3..5*	*Oui*	*Non*	*Oui*

lfind

❑ But

Tri et recherche.

❑ Syntaxe

```
void *lfind(const void *key, const void *base,
            size_t nelem, size_t width,
            int (*compare)());
```

⇨ **const void *key:** pointeur sur l'élément à chercher.

⇨ **const void *base**: pointeur sur le premier élément du tableau.

⇨ **size_t nelem:** nombre d'éléments du tableau.

⇨ **size_t width:** taille en octets de chaque élément du tableau.

⇨ **int (*compare)():** fonction de comparaison. Définie par l'utilisateur. (Cf. BSEARCH.)

❑ Description

Recherche linéaire dans un tableau (c'est-à-dire du premier élément au dernier) et retourne l'adresse du premier élément trouvé.

❑ Fichier Include

```
#include <stdlib.h>
```

❑ Exemple

```
index = lfind(clé, début, 4000, 8, com-
pare);
```

❑ Remarques

Etant donné que la recherche s'effectue linéairement, il n'est pas nécessaire que le tableau soit trié. En cas d'échec, **lfind** retourne NULL et initialise la variable globale ERRNO.

❑ Voir aussi les fonctions

LSEARCH, BSEARCH.

❑ Compatibilité

TURBO C	MSCT C	QUICK C	UNIX V	ANSI
1..2	*4..5*	*Oui*	*Oui*	*Non*

lineto

❑ But

Dessin.

❑ Syntaxe

void far **lineto**(int x, int y);

❑ Description

Trace une ligne de la position active jusqu'au point de coordonnées (x,y).

❑ Fichier Include

```
#include <graphics.h>
```

❑ Exemple

```
lineto(int x,int y);
```

❑ Remarques

lineto trace une droite joignant la position active au point (x,y) avec la couleur active (définie par SETCOLOR), le style de ligne actif (défini par SETLINESTYLE).

lineto utilisé avec la fonction MOVETO, permet de créer des graphiques linéaires complexes.

❑ Voir aussi les fonctions

MOVETO, SETCOLOR, SETLINESTYLE.

❑ Compatibilité

TURBO C	MSCT C	QUICK C	UNIX V	ANSI
1,5..2	*5*	*Equ*	*Non*	*Non*

❑ Equivalent

_lineto

localtime

❑ But

Date-temps.

❑ Syntaxe

struct tm ***localtime**(const time_t *time);

⇨ **const time_t *time:** valeur horaire à convertir.

❑ Description

Conversion d'une valeur horaire en structure «tm». Voir ci-dessous la structure de type «tm».

❑ Fichier Include

```
#include <time.h>
```

❑ Exemple

```
t_local = localtime(&bintime);
```

❑ Remarques

localtime retourne un pointeur sur la structure contenant la valeur horaire convertie.

La structure «struct tm» est définie dans le fichier <time.h> de la manière suivante:

```
struct tm
{
int tm_sec;       /* secondes                 (0,59)  */
int tm_min;       /* minutes                  (0,59) */
int tm_hour;      /* heure depuis minuit      (0,23)  */
int tm_mday;      /* jour du mois             (0,31)  */
int tm_mon;       /* mois depuis janvier      (0,11)  */
int tm_year;      /* année depuis 1900
      */
int tm_wday;      /* jour depuis dimanche     (0,6)   */
int tm_yday;      /* jour depuis 1er janvier  (0,365) */
int tm_isdst;     /* matinée ou soirée         flag   */
};
```

❑ Voir aussi les fonctions

ASCTIME, GMTIME, TIME.

❑ Compatibilité

TURBO C	MSCT C	QUICK C	UNIX V	ANSI
1..2	*3..5*	*Oui*	*Oui*	*Oui*

lock

❑ But

Manipulation de fichier.

❑ Syntaxe

int **lock**(int handle, long offset, long nbytes);

⇨ **int handle:** identificateur du fichier.
⇨ **long offset:** déplacement en octets depuis le début du fichier jusqu'au premier octet de la zone à verrouiller. Adresse de départ.
⇨ **long nbytes:** nombre d'octets à verrouiller.

❑ Description

La fonction **lock** verrouille une zone de longueur «nbytes» d'un fichier en mode partagé (Share) à partir de la position «offset». Cette fonction n'est utilisable qu'à partir de la version 3.x de MS-DOS.

❑ Fichier Include

```
#include <io.h>
```

❑ Exemple

```
lock(handle, OL, 512);
/*Verrouillage 512 premiers octets */
```

❑ Remarques

Il faut déverrouiller chaque région du fichier précédemment verrouillée par **lock** avant de fermer ou de quitter le programme par la fonction UNLOCK.

lock retourne en cas de succès «0», sinon la valeur «-1». L'utilisation de **lock** avec une version MS-DOS inférieure à 3.0 ne produira aucun effet.

❑ Voir aussi les fonctions

SOPEN, UNLOCK.

❑ Compatibilité

TURBO C	MSCT C	QUICK C	UNIX V	ANSI
1..2	*5*	*Equ*	*Oui*	*Non*

❑ Equivalent

locking

log/ log10

❑ But

Calcul mathématique.

❑ Syntaxe

double **log**(double x);
double **log10**(double x);

❑ Description

log calcule le logarithme népérien (ln).
log10 calcule le logarithme décimal.

❑ Fichier Include

```
#include <math.h>
```

❑ Exemple

```
y = log(x);
a = log10(b);
```

❑ Remarques

Si la valeur spécifiée est négative, alors **log** et **log10** retourneront la valeur HUGE_VAL, imprimeront sur STDERR le message DOMAIN et affecteront la variable globale ERRNO par la constante EDOM.

Si la valeur spécifiée est nulle, **log** et **log10** imprimeront un message SING, retourneront la valeur HUGE_VAL et ERRNO prendra la valeur ERANGE.

❑ Voir aussi les fonctions

EXP, POW.

❑ Compatibilité

TURBO C	MSCT C	QUICK C	UNIX V	ANSI
1..2	*3..5*	*Oui*	*Oui*	*Oui*

longjmp

❑ But

Gestion de processus.

❑ Syntaxe

void **longjmp**(jmp_buf env, int value);

⇨ **jmp_buf env:** tampon stockant les valeurs des registres CS, DS, SS, DI, SP, FP et FLAGS.
⇨ **int value:** valeur retournée à la fin de l'exécution de **longjmp** .

❑ Description

Exécution d'un saut entre blocs ou entre plusieurs fonctions. **longjmp** restaure les registres auparavant sauvegardés par la fonction SETJMP.

❑ Fichier Include

```
#include <setjmp.h>
```

❑ Exemple

```
longjmp(task_status, 1);
```

❑ Remarques

La fonction **longjmp** doit être utilisée avec la fonction SETJMP. En pratique, **longjmp** et SETJMP sont utilisées pour le traitement des erreurs.

❑ Voir aussi la fonction

SETJMP.

❑ Compatibilité

TURBO C	MSCT C	QUICK C	UNIX V	ANSI
1..2	*3..4*	*Oui*	*Oui*	*Oui*

lrotl / _lrotr

❑ But

Calcul mathématique.

❑ Syntaxe

unsigned long int **lrotl**(unsigned long value,
int shift);
unsigned long int **lrotr**(unsigned long value,
int shift);

⇨ **unsigned long value:** entier sur lequel la rotation aura lieu.

⇨ **int shift:** nombre de décalages à droite ou à gauche.

❑ Description

Exécute une rotation des bits à droite (**lrotr**) ou à gauche (**lrotl**) d'un entier long non signé.

❑ Fichier Include

```
#include <stdlib.h>
```

❑ Exemple

```
long_result = _lrotl(valeur, 8);
```

❑ Voir aussi les fonctions

_ROTL, ROTR.

❑ Compatibilité

TURBO C	MSCT C	QUICK C	UNIX V	ANSI
1,5..2	*5*	*Oui*	*Non*	*Non*

lsearch

❑ But

Tri et recherche.

❑ Syntaxe

void ***lsearch**(void *key, const void *base,
size_t nelem, size_t width,
int (*compare)());

⇨ **const void *key:** pointeur sur l'élément à chercher.
⇨ **const void *base:** pointeur sur le premier élément du tableau.
⇨ **size_t nelem:** nombre d'éléments du tableau.
⇨ **size_t width:** taille en octets de chaque élément du tableau.
⇨ **int (*compare)():** fonction de comparaison définie par l'utilisatcur.(Cf. BSEARCH.)

❑ Description

lsearch effectue une recherche linéaire dans une table du premier au dernier élément. Si la recherche est un échec, **lsearch** ajoute à la fin de la table la valeur recherchée. Hormis cette caractérisque, **lsearch** est similaire à LFIND. (Cf. LFIND).

❑ Fichier Include

```
#include <stdlib.h>
```

❑ Exemple

```
position=lsearch(&critère,nomtab,
&nb_élém,sizeof(critère),compare);
```

❑ Voir aussi les fonctions

LFIND, BSEARCH.

❑ Compatibilité

TURBO C	MSCT C	QUICK C	UNIX V	ANSI
1..2	*4..5*	*Oui*	*Oui*	*Non*

lseek

❑ But

Entrée-sortie.

❑ Syntaxe

long **lseek**(int handle, long offset, int origin);

⇨ **int handle:** identificateur du fichier.
⇨ **long offset:** valeur du déplacement en octets.
⇨ **int origin:** origine du déplacement.

❑ Description

lseek permet de déplacer le pointeur de la position courante d'un fichier. Ce déplacement sera de «offset» octets par rapport à l'origine du déplacement.

❑ Fichier Include

```
#include <stdio.h>
        ou
#include <io.h>
```

❑ Exemple

```
lseek(handle, 512L, SEEK_CUR);
```

❑ Remarques

Le déplacement est effectué par rapport à l'argument «origin».

Cet argument est défini de la manière suivante:

Origine	Signification
SEEK_SET ou 0	Début du fichier.
SEEK_CUR ou 1	Position courante.
SEEK_END ou 2	Fin du fichier.

En cas de succès **lseek** retourne le déplacement (offset) de la nouvelle position courante du fichier, sinon renvoie «-1» et affecte la variable globale ERRNO par la constante EBADF (identificateur du fichier invalide) ou EINVAL (déplacement de la position avant le début du fichier).

❑ Voir aussi les fonctions

FSEEK, TELL.

❑ Compatibilité

TURBO C	MSCT C	QUICK C	UNIX V	ANSI
1..2	*3..5*	*Oui*	*Oui*	*Non*

ltoa

❑ But

Conversion de données.

❑ Syntaxe

char ***ltoa**(long value, char *string, int radix);

⇨ **long value:** valeur à convertir.
⇨ **char *string:** chaîne contenant la représentation.
⇨ **int radix:** base dans laquelle on travaille.

❑ Description

Conversion d'un entier de type long en une chaîne de caractères.

❑ Fichier Include

```
#include <stdlib.h>
```

❑ Exemple

```
ltoa(32, buffer, 16);
```

❑ Remarques

ltoa ne retourne pas de code d'erreur.
La base doit être comprise entre [2] et [16]:

[2] : binaire;
[8] : octale;
[10] : décimale;
[16] : hexadécimale.

❑ Voir aussi les fonctions

ECVT, FCVT, GCVT, ITOA, ULTOA.

❑ Compatibilité

TURBO C	MSCT C	QUICK C	UNIX V	ANSI
1..2	*3..5*	*Oui*	*Non*	*Non*

malloc

❑ But

Allocation de mémoire.

❑ Syntaxe

void ***malloc**(size_t num_bytes);

⇨ **num_bytes:** nombre d'octets à allouer.

❑ Description

Allocation dynamique d'espace mémoire.
La fonction **malloc** n'affecte pas le contenu de la mémoire allouée.

❑ Fichier Include

```
#include <alloc.h>
        ou
#include <stdlib.h>
```

❑ Exemple

```
#include <alloc.h>
#include <sdtlib.h>

Main()
 {
 int *taille;
if ((taille = malloc(1000)) == NULL)
 printf("Erreur d'allocation
 mémoire\n");
else
 printf("Allocation réussie\n");
}
```

❑ Remarques

En cas de succès, la fonction **malloc** retourne en sortie un pointeur représentant l'adresse de départ de la mémoire à allouer. Si l'allocation de mémoire n'est pas possible (espace insuffisant), le code de retour sera NULL.

❑ Voir aussi les fonctions

CALLOC, REALLOC, FREE.

❑ Compatibilité

TURBO C	MSCT C	QUICK C	UNIX V	ANSI
1..2	*3..5*	*Oui*	*Oui*	*Oui*

matherr

❑ But

Appel système.

❑ Syntaxe

int **matherr**(struct exception *except);

⇨ **struct exception *except:** pointeur sur la structure de type «exception».

❑ Description

Fonction gérant les erreurs mathématiques. **matherr** est appelée à partir de la fonction _MATHERR.

❑ Fichier Include

```
#include <math.h>
```

❑ Remarques

La structure «exception» est la suivante:

```
struct exception
{
 int type;
 char *name;
 double arg1, arg2;
}
```

Les types d'erreurs possibles sont les suivants:

DOMAIN:	L'argument de la fonction n'est pas valide. Exemple: *SQRT*(-10).
OVERFLOW:	Résultat trop grand. Supérieur à «MAXBOUBLE». Exemple: *EXP*(5000).
PLOSS:	Perte totale de chiffre significatif.
SING:	Les arguments donneront toujours la même valeur.
TLOSS:	Perte partielle de chiffre significatif. Exemple: *TAN*(15e65)
UNDERFLOW:	Résultat inférieur à «MINDOUBLE». Exemple: *EXP*(-5000)

L'utilisateur peut développer sa propre fonction **matherr** (en respectant la structure «exception») pour gérer des erreurs particulières. La fonction **matherr** retourne en sortie soit zéro (erreur non traitée), soit une valeur non nulle (erreur traitée).

❑ Voir aussi les fonctions

ACOS, ASIN, ATAN, ATAN2, CABS, COS, COSH, EXP, HYPOT, LOG, LOG10, POW, SIN, SINH, SQRT, TAN.

❑ Compatibilité

TURBO C	MSCT C	QUICK C	UNIX V	ANSI
1..2	*3..4*	*Oui*	*Oui*	*Non*

_matherr

❑ But

Appel système.

❑ Syntaxe

double **_matherr** (_exception why, char *func,
double *arg1p, double *arg2p,
double retval);

- ⇨ **_exception why:** type de l'erreur mathématique.
- ⇨ **char *func:** nom de la fonction mathématique où l'erreur s'est produite.
- ⇨ **double *arg1p, arg2p:** arguments de la fonction mathématique où l'erreur s'est produite.
- ⇨ **double retval:** valeur retournée par la fonction.

❑ Description

Fonction interne (primitive de gestion des erreurs mathématiques) appelée par le système.

❑ Fichier Include

```
#include <math.h>
```

❑ Exemple

```
Fonction interne. Ne peut pas être ap-
pelée directement.
```

❑ Remarques

matherr traite d'abord les paramètres en les affectant dans la structure «exception».

Ensuite, **matherr** appelle la fonction MATHERR pour gérer les erreurs survenues lors de l'exécution de fonctions mathématiques.

Si la valeur retournée par la fonction MATHERR est zéro (l'erreur n'a pu être traitée), **matherr** envoie un message et affecte la variable globale ERRNO par les constantes EDOM ou ERANGE.

Sinon (l'erreur a été traitée), **_matherr** renvoie la valeur «retval» qui a été éventuellement modifiée par MATHERR.

❑ Voir aussi l fonction

MATHERR.

❑ Compatibilité

TURBO C	MSCT C	QUICK C	UNIX V	ANSI
1..2	*Non*	*Non*	*Non*	*Non*

max

❑ But

Calcul mathématique.

❑ Syntaxe

<type> **max**(<type> a, <type> b);

⇨ **<type>:** représente n'importe quel type numérique.

⇨ **a, b:** valeurs à comparer.

❑ Description

Retourne la plus grande valeur des deux arguments. Les arguments peuvent être de n'importe quel type numérique.

❑ Fichier Include

```
#include <stdlib.h>
```

❑ Excmple

```
printf("La valeur maximale est %d\n",
max(2,5));
```

❑ Voir aussi la fonction

MIN.

❑ Compatibilité

TURBO C	MSCT C	QUICK C	UNIX V	ANSI
1..2	*5*	*Oui*	*Non*	*Non*

memccpy

❑ But

Manipulation de zone mémoire.

❑ Syntaxe

void ***memccpy**(void *dest, void *source,
int char, size_t);

- ⇨ **dest:** pointeur vers le premier octet de la zone mémoire de destination.
- ⇨ **source:** pointeur vers le premier octet de la zone mémoire à partir duquel on copiera les octets.
- ⇨ **char:** caractère qui, lorsqu'il est rencontré, arrête la copie.
- ⇨ **size_t:** nombre d'octets à copier.

❑ Description

La fonction **memccpy** copie la zone mémoire «source» dans la zone mémoire «dest».
memccpy traite «size_t» octets ou interrompt la copie si le caractère «char» est rencontré.

❑ Fichier Include

```
#include <mem.h>
        ou
#include <string.h>
```

❑ Exemple

```
memccpy(array_Tab1, array_Tab2, "J",
sizeof(array_Tab1));
```

❑ Remarque

Si **memccpy** rencontre le caractère «char», alors il retourne en code de sortie l'octet de la chaîne «source» situé juste après le caractère «char».

Dans le cas contraire, **memccpy** renvoie NULL.

❑ Voir aussi les fonctions

MEMCPY, MEMMOVE, MOVMEM, MOVEDATA.

❑ Compatibilité

TURBO C	MSCT C	QUICK C	UNIX V	ANSI
1..2	*3..5*	*Oui*	*Oui*	*Non*

memchr

❑ But

Manipulation de zone mémoire.

❑ Syntaxe

void ***memchr**(const void*buffer, int char,
size_t count);

⇨ **const void*buffer:** pointeur vers la zone mémoire de recherche.
⇨ **int char:** caractère à rechercher.
⇨ **size_t count:** nombre maximum d'octets à rechercher.

❑ Description

La fonction **memchr** recherche la première occurrence («char») dans la zone mémoire («buffer»).

En code de sortie, la valeur NULL sera renvoyée si **memchr** n'a pas trouvé le caractère. Sinon, la fonction **memchr** retourne le pointeur correspondant à la position de «char» dans la zone mémoire.

❑ Fichier Include

```
#include <mem.h>
        ou
#include <string.h>
```

❑ Exemple

```
#include <mem.h>
  Main()
{
char *OK;
OK = memchr("XMAS", "M", 4);

if (*OK)
 printf("Caractère trouvé\n");
else
 printf("Pas de chance\n");
}
```

❑ Voir aussi les fonctions

MEMCMP, MEMICMP.

❑ Compatibilité

TURBO C	MSCT C	QUICK C	UNIX V	ANSI
1..2	*3..5*	*Oui*	*Oui*	*Oui*

memcmp

❑ But

Manipulation de zone mémoire.

❑ Syntaxe

void* **memcmp**(const void*buffer1,
const void*buffer2, size_t count);

⇨ **const void*buffer1:** pointeur vers la zone 1.
⇨ **const void*buffer2:** pointeur vers la zone 2.
⇨ **size_t count:** nombre d'octets à comparer.

❑ Description

La fonction **memcmp** compare deux zones («buffer1» et «buffer2») sur une longueur de n_octets («size_t count»).

❑ Fichier Include

```
#include <mem.h>
        ou
#include <string.h>
```

❑ Exemple

```
if (memcmp(zone1, zone2, sizeof(zone1)) == 0)
  printf("Les deux zones sont identiques\n");
```

❑ Remarques

La fonction **memcmp** retourne trois valeurs possibles en fonction de la nature des deux zones à comparer:

- < 0 si Zone1 < Zone2;
- = 0 si Zone1 = Zone2;
- > 0 si Zone1 > Zone2.

❑ Voir aussi la fonction

MEMICMP.

❑ Compatibilité

TURBO C	MSCT C	QUICK C	UNIX V	ANSI
1..2	*3..5*	*Oui*	*Oui*	*Oui*

memcpy

❑ But

Manipulation de zone mémoire.

❑ Syntaxe

void ***memcpy**(void*dest, const void*source,
                size_t count);

⇨ **void*dest:** pointeur vers la zone mémoire dans laquelle seront copiés les octets.
⇨ **const void*source:** pointeur vers la zone mémoire dans laquelle se trouvent les octets à copier.
⇨ **size_t count:** nombre d'octets à copier.

❑ Description

La fonction **memcpy** copie une zone mémoire dans une autre zone. La taille de cette zone est précisée par «size_t count»(nombre d'octets).

❑ Fichier Include

```
#include <mem.h>
      ou
#include <string.h>
```

❑ Exemple

```
memcpy(zone1, zone2, sizeof(zone1));
```

❑ Voir aussi les fonctions

MEMCCPY, MEMMOVE, MOVEDATA.

❑ Compatibilité

TURBO C	MSCT C	QUICK C	UNIX V	ANSI
1..2	*3..5*	*Oui*	*Oui*	*Oui*

memicmp

❑ But

Manipulation de zone mémoire.

❑ Syntaxe

int **memicmp**(const void*buffer1,
const void *buffer2, size_t count);

- ⇨ **const void *buffer1:** pointeur sur la première zone.
- ⇨ **const void *buffer2:** pointeur sur la deuxième zone.
- ⇨ **size_t count:** nombre d'octets à comparer.

❑ Description

La fonction **memicmp** compare deux zones mémoire de longueur «size_t count». **memicmp** ne tient pas compte du fait que les lettres sont en majuscules ou en minuscules.

❑ Fichier Include

```
#include <mem.h>
        ou
#include <string.h>
```

❑ Exemple

```
if (memicmp(zone1, zone2,100) == 0)
 printf("Les deux zones sont égales\n");
```

❑ Remarque

Voir la fonction MEMCMP pour les codes de retour.

❏ Voir aussi la fonction

MEMCMP.

❏ Compatibilité

TURBO C	MSCT C	QUICK C	UNIX V	ANSI
1..2	*3..5*	*Oui*	*Oui*	*Non*

memmove

❑ But

Manipulation de zone mémoire.

❑ Syntaxe

void ***memmove**(void*dest, const void*source,
size_t count);

- ⇨ **void*dest:** pointeur vers la zone mémoire dans laquelle seront copiés les octets.
- ⇨ **const void*source:** pointeur vers la zone mémoire dans laquelle se trouvent les octets à copier.
- ⇨ **size_t count:** nombre d'octets à copier.

❑ Description

La fonction **memmove** copie le contenu d'une zone mémoire dans une autre zone.

❑ Fichier Include

```
#include <mem.h>
        ou
#include <string.h>
```

❑ Exemple

```
#include <string.h>
Main()
 {
 char dest [128];
 memmove(dest,"Langage C",9);
 }
```

❑ Remarques

La fonction **memmove** a les mêmes codes de retour que la fonction MEMCPY (ci-dessus).

memmove gère la copie d'une zone à l'autre, même dans le cas d'un chevauchement des deux zones.

❑ Voir aussi les fonctions

MEMCCPY, MEMCPY, MOVEDATA.

❑ Compatibilité

TURBO C	MSCT C	QUICK C	UNIX V	ANSI
1..2	*3..5*	*Oui*	*Non*	*Oui*

memset

❑ But

Manipulation de zone mémoire.

❑ Syntaxe

void ***memset**(void*buffer, int char,
size_t count);

⇨ **void*buffer:** pointeur sur le début de la zone à affecter.
⇨ **int char:** chaque octet de la zone sera affecté par la valeur de ce caractère.
⇨ **size_t count**: nombre d'octets à affecter par le caractère «char».

❑ Description

La fonction **memset** initialise les «size_t count» octets de la mémoire par un caractère défini («char»).

❑ Fichier Include

```
#include <mem.h>
        ou
#include <string.h>
```

❑ Exemple

```
#include <mem.h>
 Main()
{
 char buffer[100];
 memset(buffer, "I", 100);
}
```

❑ Remarque

Cette fonction est surtout utilisée pour initialiser de grands blocs ou zones mémoire.

❑ Voir aussi les fonctions

MEMCCPY, MEMCPY, MEMMOVE, MOVMEN. SETMEM.

❑ Compatibilité

TURBO C	MSCT C	QUICK C	UNIX V	ANSI
1..2	*3..5*	*Oui*	*Oui*	*Oui*

min

❑ But

Calcul mathématique.

❑ Syntaxe

<type> **min**(<type> a, <type> b);

⇨ **<type>**: représente n'importe quel type numérique.

⇨ **a, b**: valeurs à comparer.

❑ Description

Retourne la plus petite valeur des deux arguments. Les arguments peuvent être de n'importe quel type numérique.

❑ Fichier Include

```
#include <stdlib.h>
```

❑ Exemple

```
printf("La valeur minimale est %d\n",
min(12,0));
```

❑ Voir aussi la fonction

MAX.

❑ Compatibilité

TURBO C	MSCT C	QUICK C	UNIX V	ANSI
1..2	*5*	*Oui*	*Non*	*Non*

mkdir

❑ But

Manipulation de fichier.

❑ Syntaxe

int **mkdir**(const char *path);

⇨ **const char *path:** chemin d'accès du nouveau répertoire.

❑ Description

La fonction **mkdir** crée, comme l'instruction MK de MS-DOS, un sous-répertoire.

❑ Fichier Include

```
#include <dir.h>
```

❑ Exemple

```
mkdir("C:\\setup\\data");
```

❑ Remarques

mkdir ne peut créer qu'un seul répertoire à chaque appel. C'est pourquoi tous les différents répertoires de la chaîne «pathname» doivent exister à l'exception du dernier (ici, il s'agit de "data").

mkdir retourne en cas de succès «0», sinon renvoie la valeur «-1» et affecte la variable globale ERRNO par ENOENT (chemin d'accès invalide) ou EACCESS (chemin d'accès déjà existant).

❑ Voir aussi les fonctions

CHDIR, RMDIR.

❑ Compatibilité

TURBO C	MSCT C	QUICK C	UNIX V	ANSI
1..2	*3..5*	*Oui*	*Non*	*Non*

mktmp

❑ But

Manipulation de fichier.

❑ Syntaxe

char ***mktmp**(char *template);

⇨ **char *template:** matrice de base pour la création du nom du fichier temporaire.

❑ Description

mktmp génère le nom d'un fichier temporaire à partir de la chaîne «template» en la modifiant progressivement pour obtenir un nom de fichier unique.

❑ Fichier Include

```
#include <dir.h>
```

❑ Exemple

```
mktmp("txtXXXXXX");
```

❑ Remarques

L'argument «template» doit être terminé par six "X" de la manière suivante: "XXXXXX".

mktmp remplace les "X" par la lettre "A" et ainsi de suite avec progressivement les autres lettres de l'alphabet, en vérifiant si le nom obtenu est unique dans le répertoire courant.

mktmp ne crée pas et n'ouvre pas de fichier; il génère uniquement un nom de fichier. La fonction **mktmp** retourne en cas de succès le pointeur sur le nom crée, sinon s'il n'y a plus de nom disponible et elle renvoie NULL.

❑ Voir aussi les fonctions

TMPNAM, TMPFILE.

❑ Compatibilité

TURBO C	MSCT C	QUICK C	UNIX V	ANSI
1..2	*3..5*	*Oui*	*Oui*	*Non*

modf

❑ But

Calcul mathématique.

❑ Syntaxe

double **modf**(double x,
    double *integer_portion);

⇨ **x:** nombre virgule flottante à décomposer.
⇨ **integer_portion:** pointeur sur la partie entière qui sera renvoyée.

❑ Description

Décompose un nombre en sa mantisse et son exposant. **modf** renvoie la mantisse et le pointeur correspondant à la partie entière de ce nombre.

❑ Fichier Include

```
#include <math.h>
```

❑ Exemple

```
mantisse = modf(nombre,
&partie_entiere);
```

❑ Voir aussi les fonctions

FREXP, LDEXP.

❑ Compatibilité

TURBO C	MSCT C	QUICK C	UNIX V	ANSI
1..2	*3..5*	*Oui*	*Oui*	*Oui*

movedata

❑ But

Manipulation de zone mémoire.

❑ Syntaxe

```
void movedata(unsigned source_seg,
              unsigned source_off,
              unsigned des_seg,
              unsigned des_off, size_t count);
```

- ⇨ **unsigned source_seg:** segment de la zone source.
- ⇨ **unsigned source_off:** déplacement de la zone source.
- ⇨ **unsigned des_seg:** segment de la zone destination.
- ⇨ **unsigned des_off:** déplacement de la zone destination.
- ⇨ **size_t count:** nombre d'octets à copier.

❑ Description

La fonction **movedata** permet de copier des données appartenant à un segment dans un autre segment distinct. Les adresses sont exprimées sous la forme (Adresse: Déplacement)

❑ Fichier Include

```
#include <mem.h>
        ou
#include <string.h>
```

❑ Exemple

```
movedata(segment,offset,0xB000,0,500);
```

❑ Remarques

La fonction **movedata** ne renvoie pas de code de retour. **movedata** est souvent utilisée pour copier des volumes importants de données dans la mémoire vidéo.

❑ Voir aussi les fonctions

MEMCPY, MEMMOVE, MOVMEM,
SEGREAD, FP_OFF, FP_SEG.

❑ Compatibilité

TURBO C	MSCT C	QUICK C	UNIX V	ANSI
1..2	*3..5*	*Oui*	*Non*	*Non*

moveto

❑ But

Dessin.

❑ Syntaxe

void far **moveto**(int x, int y);

❑ Description

moveto change la position active, l'affectant par les nouvelles coordonnées (x,y).

❑ Fichier Include

```
#include <graphics.h>
```

❑ Exemple

```
moveto(10,40);
```

❑ Remarques

La position active est gérée d'une manière interne par certaines fonctions graphiques (LINETO, ...).

❑ Voir aussi la fonction

LINETO.

❑ Compatibilité

TURBO C	MSCT C	QUICK C	UNIX V	ANSI
1..2	*5*	*Equ*	*Non*	*Non*

❑ Equivalent

_moveto

_open

❑ But

Entrée-sortie.

❑ Syntaxe

int **_open**(const char *filename, int mode);

⇨ **const char *filename:** nom du fichier à ouvrir avec son chemin d'accès.
⇨ **int mode:** mode d'accès du fichier.

❑ Description

La fonction **_open** ouvre un fichier existant et retourne son identificateur.

❑ Fichier Include

```
#include <dos.h>
        ou
#include <fcntl.h>
```

❑ Exemple

```
handle = _open("FIC.DAT", O_DENYNONE);
```

❑ Remarques

_open utilise l'interruption MS-DOS INT 3Dh. Cette fonction offre les mêmes possibilités que la fonction OPEN, mais permet en plus de travailler avec des fichiers en mode partagé.

L'argument «mode» est destiné à préciser le type de l'opération à exécuter lors de l'ouverture du fichier.

Il est défini dans le fichier include fcntl.h de la manière suivante:

Mode	Signification
O_DENYALL	L'accès à ce fichier n'est autorisé que par l'identificateur de fichier en cours.
O_DENYWRITE	Le fichier n'est accessible en écriture que par l'identificateur de fichier en cours.
O_DENYREAD	Le fichier n'est accessible en lecture que par l'identificateur de fichier en cours.
O_DENYONE	Le fichier est accessible par tous.
O_NOINHERIT	Le fichier ne sera pas accessible au processus fils.
O_WDONLY	Mode écriture uniquement.
O_RDONLY	Mode lecture uniquement.
O_RDWR	Mode lecture et écriture.

_open retourne en cas de succès l'identificateur du fichier, sinon renvoie la valeur «-1» et affecte la variable globale ERRNO par l'une des constantes d'erreurs ci-dessous:

Constante	Signification d'erreur
EACCES	Impossible d'accéder au fichier.
EMFILE	Trop de fichiers ouverts.
ENOENT	Fichier non trouvé ou répertoire inexistant.
EINVACC	Code d'accès incorrect.

❑ Voir aussi les fonctions

_CLOSE, _CREAT, CREATNEW, OPEN, CLOSE.

❑ Compatibilité

TURBO C	MSCT C	QUICK C	UNIX V	ANSI
1..2	*5*	*Equ*	*Non*	*Non*

❑ Equivalent

_dos_open

open

❑ But

Entrée-sortie.

❑ Syntaxe

int **open**(const char *filename,
 int access[, unsigned pmode]);

- ⇨ **const char *filename:** nom du fichier à ouvrir, incluant son chemin d'accès.
- ⇨ **int access:** mode d'accès du fichier.
- ⇨ **unsigned pmode:** optionnel. Mode d'accès du fichier quand «access» = O_CREAT.

❑ Description

La fonction **OPEN** ouvre le fichier pour des opérations ultérieures d'écritures ou de lectures.

❑ Fichier Include

```
#include <io.h>
        ou
#include <fnctl.h>
        ou
#include <sys\types.h>
        ou
#include <sys\stat.h>
```

❑ Exemple

```
filehandle = open("FIC.DAT",
O_CREAT|O_WRONLY, S_IWRITE);
```

❑ Remarques

L'argument «access» est destiné à préciser le type de l'opération à exécuter lors de l'ouverture du fichier, et est défini dans le fichier include fcntl.h de la manière suivante:

«access»	Signification
O_APPEND	Ecriture après la fin du fichier. Mode ajout.
O_BINARY	Mode binaire. Ce mode est identique à celui utilisé par FOPEN.
O_NDELAY	Compatibilité avec Unix.
O_CREAT	Crée et ouvre un nouveau fichier s'il n'existe pas.
O_EXCL	Retourne un code d'erreur si O_CREAT est spécifié et si le fichier existe déjà.
O_WRONLY	Mode écriture uniquement. O_RDONLY et O_RDWR ne peuvent pas être associés (opérateur OR) avec ce mode.
O_RDONLY	Mode lecture uniquement. O_WRONLY et O_RDWR ne peuvent pas être associés (opérateur OR) avec ce mode.
O_RDWR	Mode lecture et écriture. O_RDONLY et O_WRONLY ne peuvent pas être associés (opérateur OR) avec ce mode.
O_TEXT	Mode texte. Ce mode est identique à celui utilisé par FOPEN.
O_TRUNC	Effacement du fichier. O_RDONLY et O_RDWR sont interdits avec ce mode.

En utilisant l'opérateur **OR**, vous pouvez combiner plusieurs modes compatibles entre eux:

O_BINARY | O_RDONLY

L'argument optionnel «pmode» doit être précisé lorsque vous utilisez le mode O_CREAT. «pmode» indique le mode d'accès du fichier à sa création et à son ouverture du fichier. «pmode» est défini dans le fichier include sys\stat.h de la manière suivante:

pmode	Signification
S_IWRITE	Mode écriture seulement.
S_IREAD	Mode lecture seulement.
S_IREAD | IWRITE	Mode écriture et lecture.

open retourne en cas de succès l'identificateur du fichier, sinon renvoie la valeur «-1» et affecte la variable globale ERRNO par l'une des constantes d'erreurs ci-dessous:

Constante	Signification d'erreur
EACCES	Impossible d'accéder au fichier.
EEXIST	Le fichier existe déjà et les modes O_CREAT et O_EXCL sont spécifiés par l'argument «access».
EMFILE	Trop de fichiers ouverts.
ENOENT	Fichier non trouvé ou répertoire inexistant.

❑ Voir aussi les fonctions

CLOSE, FOPEN.

❑ Compatibilité

TURBO C	MSCT C	QUICK C	UNIX V	ANSI
1..2	*3..5*	*Oui*	*Oui*	*Non*

outport

❑ But

Entrée-sortie.

❑ Syntaxe

void **outport**(int port, int word);

⇨ **int port:** adresse du port matériel [0..65 535].
⇨ **int word:** mot à écrire (16 bits).

❑ Description

La fonction **outport** écrit un mot (16 bits) sur le port dont l'adresse est précisée par l'argument «port».

❑ Fichier Include

```
#include <dos.h>
```

❑ Exemple

```
OUTPORT(0x3CE, word);
```

❑ Remarques

outport utilise l'instruction assembleur OUT.
L'intérêt particulier de **outport** est que cette fonction permet d'envoyer deux octets (un mot) sur deux ports adjacents.

Par exemple, avec la programmation du contrôleur graphique EGA (l'adresse du port des entrées-sorties est 3CEh), l'utilisation de la fonction **outport** est préconisée car le volume du transfert des données est important. **outport** enverra le premier octet à l'adresse 3CEh, le deuxième octet à l'adresse 3CFh.

❑ Voir aussi les fonctions

INTPORT, INPORTB, OUTPORTB.

❑ Compatibilité

TURBO C	MSCT C	QUICK C	UNIX V	ANSI
1..2	*5*	*Equ*	*Non*	*Non*

❑ Equivalent

_outpw

outportb

❑ **But**

Entrée-sortie.

❑ **Syntaxe**

void **outportb**(int port, unsigned char byte);

⇨ **int port:** adresse du port matériel [0..65 535].
⇨ **unsigned char byte:** octet à écrire sur le port.

❑ **Description**

La fonction **outportb** écrit un mot (16 bits) sur le port entrée-sortie dont l'adresse est précisée par l'argument «port».

❑ **Fichier Include**

```
#include <dos.h>
```

❑ **Exemple**

```
outportb(0x61, 0xA1);
/* Active le haut parleur */
```

❑ **Remarques**

outportb utilise l'instruction assembleur OUT.

outportb est en fait une interface C pour l'instruction assembleur OUT.

Certains périphériques, comme le haut-parleur, ne sont pas directement accessibles par les interruptions du BIOS et de MS-DOS. Ils le sont seulement par les instructions assembleur IN et OUT.

Les fonctions INPORTB et **outportb** permettent de s'adresser à ces périphériques.

❑ Voir aussi les fonctions

INPORT, INPORTB, OUTPORT.

❑ Compatibilité

TURBO C	MSCT C	QUICK C	UNIX V	ANSI
1..2	*5*	*Oui*	*Non*	*Non*

❑ Equivalent

outp

outtext

❑ But

Mode graphique.

❑ Syntaxe

void far **outtext**(char far *textstring);

⇨ **char far *textstring:** pointeur sur la chaîne à afficher.

❑ Description

outtext affiche du texte à la position active dans la fenêtre graphique ou dans la fenêtre texte active.

❑ Fichier Include

```
#include <graphics.h>
```

❑ Exemple

```
outtext("Texte à afficher");
```

❑ Remarques

La chaîne de caractères est affichée avec les paramètres actifs du mode texte (police, couleur, position). Le texte à afficher doit être une chaîne de caractères formatée. Dans le cas ou la chaîne n'est pas formatée, la fonction SPRINTF devra être appelée (avant d'utiliser la fonction **outtext)** pour formater la chaîne.

❑ Compatibilité

TURBO C	MSCT C	QUICK C	UNIX V	ANSI
1,5..2	*5*	*Equ*	*Non*	*Non*

❑ Equivalent

_outtext

perror

❑ But

Gestion de processus.

❑ Syntaxe

void **perror**(const char *string);

⇨ **const char *string:** message d'erreur personnalisé.

❑ Description

La fonction **perror** concatène le message personnalisé «string» avec le message système d'erreur correspondant à la dernière valeur de la variable globale ERRNO.
perror imprime le message sur STDERR.

❑ Fichier Include

```
#include <stdio.h>
```

❑ Exemple

```
perror("Erreur dans le fichier
FIC.DATA");
```

❑ Remarques

Les différents messages d'erreurs sont mémorisés dans une table (sys_errlist) de chaîne de caractères. La variable globale ERRNO sert à indexer cette table.

❑ Voir aussi les fonctions

_STRERROR, STRERROR.

❑ Compatibilité

TURBO C	MSCT C	QUICK C	UNIX V	ANSI
1..2	*3..5*	*Oui*	*Oui*	*Oui*

pieslice

❑ But

Dessin

❑ Syntaxe

void far **pieslice**(int x, int y, int angle_deb,
int angle_fin, int radius);

⇨ **int x,y:** centre du secteur angulaire.
⇨ **int angle_deb:** angle de début du tracé [0..360].
⇨ **int angle_fin:** angle de fin du tracé [0..360].
⇨ **int radius:** rayon du cercle angulaire.

❑ Description

Dessine un secteur angulaire et le remplit avec le motif actif.

❑ Fichier Include

```
#include <graphics.h>
```

❑ Exemple

```
pieslice(100, 100, 0, 44, 50);
/* Secteur angulaire de 45 degrés */
```

❑ Remarques

Le secteur angulaire est dessiné dans la fenêtre graphique active. Cette fonction est pratique pour une représentation graphique dite en «camembert».

❑ Voir aussi les fonctions

ARC, SECTOR, SETCOLOR.
SETFILLPATTERN.

❑ Compatibilité

TURBO C	MSCT C	QUICK C	UNIX V	ANSI
1,5..2	*5*	*Equ*	*Non*	*Non*

❑ Equivalent

_pie

pow

❑ But

Calcul mathématique.

❑ Syntaxe

double **pow**(double x, double y);

⇨ **double x, y**: le nombre x à la puissance y.

❑ Description

Retourne un nombre élevé à la puissance.

❑ Fichier Include

```
#include <math.h>
```

❑ Exemple

```
x = pow(2.0, 3.0);
/* x sera égal à 8.0 */
```

❑ Remarques

Si le nombre «x» est nul, **pow** retourne la valeur HUGE_VAL et affecte ERRNO par EDOM.
Si le résultat est trop grand, **pow** retourne HUGE_VAL et affecte ERRNO par la constante ERANGE.

❑ Voir aussi les fonctions

EXP, LOG, SQRT.

❑ Compatibilité

TURBO C	MSCT C	QUICK C	UNIX V	ANSI
1..2	*3..5*	*Oui*	*Oui*	*Oui*

printf

❑ But

Entrée-sortie.

❑ Syntaxe

int **printf**(const char *format_string, ...);

⇨ **const char *format_string:** chaîne décrivant le format à utiliser pour l'impression.
⇨ ...: représente les articles à imprimer.

❑ Description

La fonction **printf** envoie les données formatées sur le flux standard de sortie STDOUT.

❑ Fichier Include

```
#include <stdio.h>
```

❑ Exemple

```
printf("La somme de %d et %d est %d",
a, b, a+b);
```

❑ Remarques

Pour plus de détails au sujet de l'argument «format_string», se reporter à la fonction CPRINTF.

printf retourne le nombre de caractères imprimés à l'écran en cas de succès, sinon renvoie la constante EOF.

❑ Voir aussi les fonctions

CPRINTF, FPRINTF, SPRINTF,
VFPRINTF, VPRINTF, VSPRINTF.

❑ Compatibilité

TURBO C	MSCT C	QUICK C	UNIX V	ANSI
1..2	*3..5*	*Oui*	*Oui*	*Oui*

putc

❑ But

Entrée-sortie.

❑ Syntaxe

int **putc**(int c, FILE *file_pointer);

⇨ **int c:** caractère à écrire.
⇨ **FILE *file_pointer:** flux associé au fichier.

❑ Description

La macro **putc** écrit un seul caractère sur le flux de sortie.

❑ Fichier Include

```
#include <stdio.h>
```

❑ Exemple

```
result = putc("Z", outfile);
```

❑ Remarques

La seule différence entre FPUTC et **putc** est que FPUTC est une fonction alors que **putc** est implantée comme une macro.

Le caractère est écrit à la position courante du fichier associé au flux. Après l'écriture, la position courante est celle du prochain caractère.

En cas de succès **putc** retourne le caractère à écrire, sinon renvoie la constante EOF. L'appel de la fonction FERROR permettra de déterminer l'origine de l'erreur.

❑ Voir aussi les fonctions

GETC, GETCHAR, FGETC,
FGETCHAR, FPUTC, PUTCHAR.

❑ Compatibilité

TURBO C	MSCT C	QUICK C	UNIX V	ANSI
1..2	*3..5*	*Oui*	*Oui*	*Oui*

putch

❑ But

Entrée-sortie.

❑ Syntaxe

int **putch**(int c);

⇨ **int c:** caractère à afficher.

❑ Description

La fonction **putch** affiche un caractère à l'écran, dans la fenêtre texte active.

❑ Fichier Include

```
#include <conio.h>
```

❑ Exemple

```
result = putch(letter);
```

❑ Remarque

En cas de succès **putch** retourne le caractère à afficher, sinon renvoie la constante EOF.

❑ Voir aussi les fonctions

GETCH, GETCHE.

❑ Compatibilité

TURBO C	MSCT C	QUICK C	UNIX V	ANSI
1..2	*3..5*	*Oui*	*Non*	*Non*

putchar

❑ But
Entrée-sortie.

❑ Syntaxe
int **putchar**(int c);

⇨ **int c:** caractère à imprimer.

❑ Description
La macro **putchar** envoie un caractère sur le flux standard STDOUT (généralement l'écran).

❑ Fichier Include
```
#include <stdio.h>
```

❑ Exemple
```
putchar("*");
```

❑ Remarques
putchar est équivalent à PUTC(STDOUT).
En cas de succès **putchar** retourne le caractère à écrire, sinon renvoie la constante EOF. L'appel de la macro FERROR permettra de déterminer l'origine de l'erreur.

❑ Voir aussi les fonctions

FPUTC, FPUTCHAR, PUTC, PUTCHAR.

❑ Compatibilité

TURBO C	MSCT C	QUICK C	UNIX V	ANSI
1..2	*3..5*	*Oui*	*Oui*	*Oui*

putenv

❑ But

Gestion de processus.

❑ Syntaxe

int **putenv**(char *envstring);

⇨ **char *envstring:** définition de la chaîne à ajouter.

❑ Description

La fonction **putenv** ajoute une chaîne de caractères ou une variable à l'environnement.

❑ Fichier Include

```
#include <stdlib.h>
```

❑ Exemple

```
result = putenv("TMP=C:\\temp");
```

❑ Remarques

La fonction **putenv** retourne en cas de succès «0», sinon la valeur «-1».

❑ Voir aussi les fonctions

GETENV.

❑ Compatibilité

TURBO C	MSCT C	QUICK C	UNIX V	ANSI
1..2	*3..5*	*Oui*	*Oui*	*Non*

putimage

❑ But

Dessin.

❑ Syntaxe

void far **putimage**(int left, int top,
void far *image_buffer,
int action);

⇨ **int left, top:** coordonnées du coin en haut à gauche à partir duquel l'image sera affichée.
⇨ **void far*image_buffer:** buffer contenant l'image à afficher.
⇨ **int action:** opérateur agissant sur l'image.

❑ Description

putimage affiche à l'écran une image rectan-gulaire, préalablement sauvée dans un buffer par la fonction GETIMAGE.

❑ Fichier Include

```
#include <graphics.h>
```

❑ Exemple

```
putimage(100, 200, image, OR_PUT);
```

❑ Remarques

Il n'est pas nécessaire de spécifier les dimensions du rectangle car elles ont été enregistrées avec l'image par la fonction GETIMAGE.

L'argument «action» de **putimage** sert à redessiner l'image en recalculant chaque pixel de l'image sauvegardée. Les valeurs possibles de l'argument «action» sont les constantes du fichier «graphics.h» avec les valeurs suivantes:

Valeur	Constante	Signification
0	COPY_PUT	L'image sauvegardée est recopiée totalement sur l'image active de l'écran («overwrite»).
1	XOR_PUT	«Ou exclusif» entre l'image sauvegardée et l'image active de l'écran. La valeur de cet opérateur est très utilisée en animation graphique.
2	OR_PUT	«Ou» logique entre les deux images.
3	AND_PUT	L'image est dessinée en effectuant un «et» logique entre l'image sauvegardée et l'image active de l'écran.
4	NOT_PUT	Recopie inverse de l'image sauvegardée. La valeur de chaque bit d'un pixel de l'image est inversée(11001 devient 00110).

❑ Voir aussi les fonctions

IMAGESIZE, GETIMAGE.

❑ Compatibilité

TURBO C	MSCT C	QUICK C	UNIX V	ANSI
1,5..2	*5*	*Equ*	*Non*	*Non*

❑ Equivalent

_putimage

putpixel

❑ But

Dessin.

❑ Syntaxe

void far **putpixel**(int x, int y, int color);

⇨ **int x, y:** coordonnées du pixel.
⇨ **int color:** couleur choisie.

❑ Description

Affiche un pixel à l'écran avec la couleur spécifiée.

❑ Fichier Include

```
#include <graphics.h>
```

❑ Exemple

```
putpixel(65, 12,4);
```

❑ Remarques

La fonction **putpixel** vérifie d'abord si les coordonnées du pixel à afficher appartiennent à la fenêtre graphique active. En cas de succès **putpixel** remplit le pixel par la couleur correspondante, sinon la fonction **putpixel** ne fait rien.

putpixel peut être utilisée pour le tracé d'images complexes.

❑ Voir aussi la fonction

GETPIXEL.

❑ Compatibilité

TURBO C	MSCT C	QUICK C	UNIX V	ANSI
1,5..2	*5*	*Equ*	*Non*	*Non*

❑ Equivalent

_setpixel

puts

❑ But

Entrée-sortie.

❑ Syntaxe

int **puts**(const char *string);

⇨ **const char *string:** chaîne à envoyer sur STDOUT.

❑ Description

puts envoie la chaîne «string» dans le canal standard de sortie STDOUT.

❑ Fichier Include

```
#include <stdio.h>
```

❑ Exemple

```
last_car = puts("Sélectionner une ré-
ponse");
```

❑ Remarques

Lorsque **puts** rencontre le caractère de fin de ligne NULL, il exécute un saut de ligne (\n).

En cas de succès **puts** retourne le dernier caractère imprimé de la chaîne, sinon il renvoie la constante EOF.

❑ Voir aussi les fonctions

FGETS, FPUTS, GETS .

❑ Compatibilité

TURBO C	MSCT C	QUICK C	UNIX V	ANSI
1..2	*3..5*	*Oui*	*Oui*	*Oui*

putw

❑ But

Entrée-sortie.

❑ Syntaxe

int **putw**(int intval, FILE *file_pointer);

⇨ **int intval:** mot à envoyer dans le flux.
⇨ **FILE *file_pointer:** flux associé à un fichier.

❑ Description

La fonction **putw** envoie un mot (sa valeur en binaire) dans un flux associé à un fichier binaire. **putw** écrit à la position courante du pointeur de fichier.

❑ Fichier Include

```
#include <stdio.h>
```

❑ Exemple

```
result = putw(int_val, outfile);
```

❑ Remarques

putw en cas de succès retourne la valeur «intval» qu'il a écrite, sinon renvoie EOF. L'utilisation de la fonction FERROR permet de déterminer l'origine et le type d'une erreur survenue lors de l'utilisation de **putw.**

❑ Voir aussi la fonction

GETW.

❑ Compatibilité

TURBO C	MSCT C	QUICK C	UNIX V	ANSI
1..2	*3..5*	*Oui*	*Oui*	*Non*

qsort

❑ But

Tri et recherche.

❑ Syntaxe

void ***qsort**(const void *base, size_t nelem,
size_t width, int (*compare)());

⇨ **const void *base:** pointeur sur le premier élément du tableau à trier.
⇨ **size_t nelem:** nombre d'éléments à trier.
⇨ **size_t width:** nombre d'octets de chaque élément du tableau.
⇨ **int (*compare)():** fonction de comparaison définie par l'utilisateur.

❑ Description

qsort exécute un tri d'un tableau suivant la méthode «QUICK SORT».
Le tri peut s'effectuer sur n'importe quel type de tableau.

❑ Fichier Include

```
#include <stdlib.h>
```

❑ Exemple

```
qsort(tableau, 100, nboctets, compare);
```

❑ Remarque

La fonction de comparaison doit travailler avec deux pointeurs représentant deux éléments du tableau à trier. Cette fonction doit retourner un code de retour ayant comme valeur possible -1, 0, 1:

élément1 < élément2: 1
élément1 = élément2: 0
élément1 > élément2: -1

❑ Voir aussi les fonctions

BSEARCH, FIND, LSEARCH.

❑ Compatibilité

TURBO C	MSCT C	QUICK C	UNIX V	ANSI
1..2	*3..5*	*Oui*	*Oui*	*Oui*

raise

❑ **But**

Gestion de processus.

❑ **Syntaxe**

int **raise**(int sig)

⇨ **int sig:** prend les valeurs ci-après.

❑ **Description**

La fonction **raise** émet un signal logiciel au programme en cours d'exécution.

❑ **Fichier Include**

```
#include <signal.h>
```

❑ **Exemple**

```
/* SIGABRT */
raise(22)
```

❑ **Remarque**

La variable «sig» peut prendre l'une des valeurs suivantes:

SIGABRT ou **22**	Fin anormale.
SIGFPE ou **8**	Opération en virgule flottante erronée.
SIGILL ou **4**	Instruction illégale.
SIGINT ou **2**	Interruption par Ctrl-Break.
SIGSEGV ou **11**	Accès mémoire interdit.
SIGTERM ou **15**	Demande d'interruption du programme.

❑ Compatibilité

TURBO C	MSCT C	QUICK C	UNIX V	ANSI
2	*5*	*Oui*	*Non*	*Oui*

rand

❑ But

Calcul mathématique.

❑ Syntaxe

int **rand**(void);

❑ Description

rand génère un nombre pseudo-aléatoire compris entre 0 et 32 767.

❑ Fichier Include

```
#include <stdlib.h>
```

❑ Exemple

```
nombre_alea = rand();
```

❑ Remarques

L'initialisation du générateur de nombres aléatoires est exécutée par SRAND.

❑ Voir aussi les fonctions

RANDOM, RANDOMIZE, SRAND.

❑ Compatibilité

TURBO C	MSCT C	QUICK C	UNIX V	ANSI
1..2	*3..5*	*Oui*	*Oui*	*Oui*

_read

❑ But

Appel système.

❑ Syntaxe

int **_read**(int filehandle, void *buffer,
unsigned readcount);

- ⇨ **int filehandle:** identificateur du fichier.
- ⇨ **void *buffer:** pointeur sur le buffer où seront copiées les données.
- ⇨ **unsigned readcount:** nombre d'octets à lire.

❑ Description

La fonction **_read** utilise l'interruption MS-DOS INT 3Fh pour transférer les «readcount» octets à partir de la position courante du fichier dans la zone «buffer».

❑ Fichier Include

```
#include <io.h>
```

❑ Exemple

```
bytes_read = _read(file_id,buffer,256);
```

❑ Remarques

_read en cas de succès renvoie le nombre d'octets lus, sinon retourne la valeur «-1» et affecte la variable globale ERRNO soit par la constante EBADF (identificateur invalide), soit par la constante EACCESS (accès au fichier refusé).

La fonction **_read** est spécifique à l'environnement MS-DOS. Pour une meilleure portabilité du programme avec d'autres systèmes, il est conseillé d'utiliser la fonction identique READ.

❑ Voir aussi les fonctions

_WRITE, READ, WRITE, _OPEN, _CLOSE, _CREAT.

❑ Compatibilité

TURBO C	MSCT C	QUICK C	UNIX V	ANSI
1..2	*5*	*Equ*	*Non*	*Non*

❑ Equivalent

_dos_read

read

❑ But

Entrée-sortie.

❑ Syntaxe

int **read**(int handle, char *buffer,
        unsigned count);

- ⇨ **int handle:** identificateur du fichier à lire.
- ⇨ **char *buffer:** pointeur sur le buffer où seront copiées les données.
- ⇨ **unsigned count:** nombre d'octets à lire.

❑ Description

La fonction **read** lit les «count» octets du fichier associé à son identificateur «handle», à partir de sa position courante. Le résultat de la lecture est copié dans la zone «buffer».

❑ Fichier Include

```
#include <io.h>
```

❑ Exemple

```
result = read(file_handle,buffer,512);
```

❑ Remarques

read en cas de succès renvoie le nombre d'octets lus, sinon retourne la valeur «-1» et affecte la variable globale ERRNO de la constante EBADF.

La fonction **read** peut lire au maximun 65 534 octets.

❑ Voir aussi les fonctions

CREAT, OPEN, SOPEN.

❑ Compatibilité

TURBO C	MSCT C	QUICK C	UNIX V	ANSI
1..2	*3..5*	*Oui*	*Oui*	*Non*

realloc

❑ But

Allocation de mémoire.

❑ Syntaxe

void ***realloc**(void *mem_adress,
size_t newsize);

⇨ **void *mem_adress:** pointeur sur la mémoire précédemment allouée.

⇨ **size_t newsize:** nouvelle taille désirée en octets.

❑ Description

La fonction **realloc** modifie et réajuste la taille de mémoire précédemment allouée dynamiquement (par CALLOC ou MALLOC).

❑ Fichier Include

```
#include <alloc.h>
        ou
#include <stdlib.h>
```

❑ Exemple

```
new_buffer = realloc(old_buffer,
old_size+100);
```

❑ Remarques

Si la nouvelle taille («size_t newsize») est égal à zéro ou s'il n'y a pas assez de place, la fonction **realloc** retourne la valeur NULL.

En cas de succès, **realloc** retourne le pointeur correspondant au nouveau bloc alloué.

❑ Voir aussi les fonctions

CALLOC, FREE, MALLOC.

❑ Compatibilité

TURBO C	MSCT C	QUICK C	UNIX V	ANSI
1..2	*3..5*	*Oui*	*Oui*	*Oui*

rectangle

❑ But

Dessin.

❑ Syntaxe

void far **rectangle**(int left, int top, int right,
int bottom);

⇨ **int left, top:** coordonnées du coin en haut à gauche du rectangle.
⇨ **int right, bottom:** coordonnées du coin en bas à droite du rectangle.

❑ Description

rectangle dessine un rectangle avec la couleur et l'épaisseur de trait actives.

❑ Fichier Include

```
#include <graphics.h>
```

❑ Exemple

```
rectangle(50, 50, 250, 200);
```

❑ Voir aussi les fonctions

SETCOLOR, SETLINESTYLE.

❑ Compatibilité

TURBO C	MSCT C	QUICK C	UNIX V	ANSI
1,5..2	*5*	*Equ*	*Non*	*Non*

❑ Equivalent

_rectangle

remove

❑ But

Manipulation de fichier.

❑ Syntaxe

int **remove**(const char *path);

⇨ **const char *path:** chemin d'accès complet du fichier à détruire.

❑ Description

La fonction **remove** détruit le fichier.

❑ Fichier Include

```
#include <stdio.h>
```

❑ Exemple

```
remove("c:\\tmp\\leamy.dat");
```

❑ Remarque

remove en cas de succès renvoie «0», sinon retourne la valeur «-1» et affecte la variable globale ERRNO soit par la constante ENOENT (chemin d'accès invalide ou pas trouvé), soit par la constante EACCESS (accès au fichier refusé, car ,par exemple le fichier est en lecture seulement).

❑ Voir aussi la fonction

UNLINK.

❑ Compatibilité

TURBO C	MSCT C	QUICK C	UNIX V	ANSI
1..2	*3..5*	*Oui*	*Non*	*Oui*

rename

❑ But

Manipulation de fichier.

❑ Syntaxe

int **rename**(const char *oldname,
const char *newname);

⇨ **const char *oldname:** chemin d'accès actuel du fichier.

⇨ **const char *newname:** nouveau chemin d'accès.

❑ Description

La fonction **rename** change le nom du fichier («oldname») par le nouveau nom précisé par l'argument «newname».

❑ Fichier Include

```
#include <stdio.h>
```

❑ Exemple

```
rename("C:\\TMP\\file1.dat","C:\\BIN\\
file2.dat");
```

❑ Remarques

rename permet de transférer un fichier dans un autre répertoire. Il suffit que le chemin d'accès de l'argument «newname» soit différent de celui de «oldname».

Le déplacement d'un répertoire entier et les caractères jokers ne sont pas autorisés.

rename retourne en cas de succès la valeur «0», sinon renvoie «-1» et affecte la variable globale ERRNO par l'une des constantes suivantes:

EACCESS	Accès refusé. Le fichier cible («newname») existe déjà.
ENOENT	Fichier non trouvé.
ENOTSAM	Unité de disque différente.

❑ Voir aussi les fonctions

CREAT, FOPEN, OPEN.

❑ Compatibilité

TURBO C	MSCT C	QUICK C	UNIX V	ANSI
1..2	*3..5*	*Oui*	*Non*	*Oui*

rewind

❑ But

Entrée-sortie.

❑ Syntaxe

void **rewind**(FILE *file_pointer);

⇨ **FILE *file_pointer:** flux associé à un fichier.

❑ Description

rewind repositionne le pointeur de la position courante du fichier au début de celui-ci.

❑ Fichier Include

```
#include <stdio.h>
```

❑ Exemple

```
rewind(file);
```

❑ Remarques

La fonction **rewind** efface l'indicateur de fin de fichier (EOF). FSEEK effectue le même traitement que **rewind**, mais FSEEK n'initialise pas l'indicateur de fin de fichier.

❑ Voir aussi la fonction

FSEEK.

❑ Compatibilité

TURBO C	MSCT C	QUICK C	UNIX V	ANSI
1..2	*3..5*	*Oui*	*Oui*	*Oui*

rmdir

❑ But

Manipulation de fichier.

❑ Syntaxe

int **rmdir**(const char *path);

⇨ **const char *path:** chemin d'accès complet du répertoire.

❑ Description

La fonction **rmdir** efface un répertoire.
Le répertoire doit être vide et ne peut être le répertoire actuel.

❑ Fichier Include

```
#include <dir.h>
```

❑ Exemple

```
result = rmdir("C:\\TMP");
```

❑ Remarques

rmdir agit comme l'instruction MS-DOS «rmdir».

En cas de succès **rmdir** retourne la valeur «0», sinon renvoie «-1» et affecte la variable globale ERRNO soit par la constante ENOENT (chemin d'accès invalide), soit par EACCESS (accès refusé car soit le répertoire à supprimer contient des fichiers, soit l'argument «char *path» est le répertoire courant).

❑ Voir aussi les fonctions

CHDIR, MKDIR.

❑ Compatibilité

TURBO C	MSCT C	QUICK C	UNIX V	ANSI
1..2	*3..5*	*Oui*	*Non*	*Non*

rotr / _rotl

❑ But

Calcul mathématique.

❑ Syntaxe

unsigned _**rotl**(unsigned long value, int shift);
unsigned _**rotr**(unsigned long value, int shift);

⇨ **unsigned long value:** valeur sur laquelle la rotation aura lieu.

⇨ **int shift:** nombre de décalages à effectuer à droite ou à gauche.

❑ Description

Exécute une rotation des bits de «value» vers la droite (_**rotr**) ou vers la gauche (_**rotl**) d'une valeur non signée.

❑ Fichier Include

```
#include <stdlib.h>
```

❑ Exemple

```
result = _rotl(valeur, 12);
```

❑ Voir aussi les fonctions

_LROTR, LROTL.

❑ Compatibilité

TURBO C	MSCT C	QUICK C	UNIX V	ANSI
1,5..2	*5*	*Oui*	*Non*	*Non*

sbrk

❑ But

Allocation de mémoire.

❑ Syntaxe

void ***sbrk**(int size);

⇨ **int size:** nombre d'octets modifiant la valeur de rupture (Break Value).

❑ Description

La fonction **sbrk** réduit ou augmente l'espace d'allocation du segment des données (Break Value) en fonction de la valeur du nombre d'octets.

❑ Fichier Include

```
#include <alloc.h>
```

❑ Exemple

```
buffer = sbrk(80);
```

❑ Remarque

En cas de succès de **sbrk**, le code retour sera l'ancienne valeur de rupture (Break Value).

Sinon, le code de retour sera «-1» et la fonction **sbrk** initialisera la variable globale ERRNO.

❑ Voir aussi les fonctions

MALLOC, FREE.

❑ Compatibilité

TURBO C	MSCT C	QUICK C	UNIX V	ANSI
1..2	*3..5*	*Oui*	*Oui*	*Oui*

scanf

❑ But

Entrée-sortie.

❑ Syntaxe

int **scanf**(const char *format_string, ...);

⇨ **const char *format_string:** chaîne décrivant le format à utiliser pour la lecture des données.
⇨ **...:** représente les articles à lire.

❑ Description

La fonction **scanf** permet la saisie de données formatées depuis le flux standard d'entrée STDIN.

❑ Fichier Include

```
#include <stdio.h>
```

❑ Exemple

```
scanf("%d/%d/%d",&heure,&min,&sec);
```

❑ Remarques

scanf retourne le nombre d'articles correctement lus, convertis et sauvés dans leurs variables respectives. La chaîne «format_string» peut contenir un nombre quelconque des arguments ci-après.

La spécification du format a la syntaxe suivante:

% [*] [Largeur] [h/l] Type

où: les [] indiquent un argument optionnel.
le / signifie une seule sélection possible.

- ✦ %: indique le commencement de la spécification du format.
- ✦ *: la valeur correspondante sera lue, mais ne sera pas affectée dans sa variable.
- ✦ La **largeur** indique le nombre d'articles ou de données à lire.
- ✦ La **taille** (h/l) redéfinit le type des données, différenciant les entiers courts des entiers longs.
- ✦ Le **type** qualifie la donnée à lire.

«Taille»	Signification
« **h** »	Utilisé avec les types %d, %i, %o, %u, %x, %X comme «short int».
« **l** »	Utilisé avec les types %d, %i, %o, %u, %x, %X comme «long int». Avec les types %e, %E, %f, %F, %g, %G, il agira comme «long double».

«Type»	Signification	Argument
c	Un seul caractère.	char*arg
d	Entier décimal.	int*arg
D	Entier décimal.	long*arg
e	Virgule flottante.	float*arg
E	Virgule flottante	double*arg
f	Virgule flottante.	float*arg
g	Virgule flottante.	float*arg
G	Virgule flottante	double*arg
i	Entier, octal, hexadéc.	int*arg
I	Entier, octal, hexadéc.	int*arg
o	Entier octal sans signe.	int*arg
O	Entier octal sans signe.	long*arg
p	Hexadécimal. SSSS:OOOO void near*arg	void far*arg
s	Chaîne avec NULL.	char tab[ ]
u	Entier décimal (unsigned).	unsign. int *arg
U	Entier décimal (unsigned).	unsign. long *arg
x	Entier hexadéc. (unsigned)	int *arg
X	Entier hexadéc. (unsigned).	long *arg

❑ Voir aussi les fonctions

FSCANF, SSCANF, CSCANF.

❑ Compatibilité

TURBO C	MSCT C	QUICK C	UNIX V	ANSI
1..2	*3..5*	*Oui*	*Oui*	*Oui*

sector

❑ But

Dessin.

❑ Syntaxe

void far **sector**(int x, int y, int angle_deb,
int angle_fin, int xradius,
int yradius);

⇨ **int x, y:** coordonnées du centre.
⇨ **int angle_deb:** angle de début de l'ellipse.
⇨ **int angle_fin:** angle de fin de l'ellipse.
⇨ **int xradius:** longueur de l'axe horizontal de l'ellipse.
⇨ **int yradius:** longueur de l'axe vertical de l'ellipse.

❑ Description

Dessine un secteur angulaire d'ellipse et le remplit avec le motif actif.

❑ Fichier Include

```
#include <graphics.h>
```

❑ Exemple

```
sector(100, 100, 0, 44, 50);
/* Secteur d'ellipse de 45 degrés */
```

❑ Remarques

Le secteur angulaire est dessiné dans la fenêtre graphique active. Cette fonction est pratique pour une représentation graphique dite en «camembert».

❑ Voir aussi les fonctions

ELLIPSE, SETCOLOR, SETFILLPATERN.

❑ Compatibilité

TURBO C	MSCT C	QUICK C	UNIX V	ANSI
2	*5*	*Equ*	*Non*	*Non*

❑ Equivalent

_pie

segread

❑ But

Appel système.

❑ Syntaxe

void **segread**(struct SREGS *segregs);

⇨ **struct SREGS *segregs:** structure contenant les registres de segments.

❑ Description

La fonction **segread** retourne les valeurs des registres de segments CS, DS, ES et SS.

❑ Fichier Include

```
#include <dos.h>
```

❑ Exemple

```
segread(&seg_registres);
```

❑ Remarques

La structure SREGS est définie dans le fichier include dos.h et est destinée à mémoriser le contenu des registres de segments DS et CS de la manière suivante:

```
struct SREGS
 {
      unsigned int ES;
      unsigned int CS;
      unsigned int SS;
      unsigned int DS;
 };
```

segread est utilisée par exemple pour sauver les registres de segments avant l'appel de la fonction INT86X afin de les restaurer ultérieurement.

❑ Voir aussi les fonctions

INT86X, INTDOSX.

❑ Compatibilité

TURBO C	MSCT C	QUICK C	UNIX V	ANSI
1..2	*3..5*	*Oui*	*Non*	*Non*

setactivepage

❑ But

Mode graphique.

❑ Syntaxe

void far **setactivepage**(int page);

⇨ **int page:** numéro de page active.

❑ Description

Sélectionne la page active pour les opérations en mode graphique. Ne fonctionne que si l'adaptateur graphique possède suffisamment de mémoire vidéo pour accepter plusieurs pages graphiques.

❑ Fichier Include

```
#include <graphics.h>
```

❑ Exemple

```
setactivepage(1);
```

❑ Remarques

Seules les cartes graphiques EGA, VGA avec 256 Ko de mémoire vidéo et Hercules peuvent accepter plusieurs pages graphiques. La valeur de la page graphique active est par défaut 0. **setactivepage** retourne en cas d'erreur une valeur négative, sinon renvoie le numéro de la page précédente.

❑ Voir aussi les fonctions

SETVISUALPAGE.

❑ Compatibilité

TURBO C	MSCT C	QUICK C	UNIX V	ANSI
1,5..2	*5*	*Equ*	*Non*	*Non*

❑ Equivalent

_setactivepage

setallpalette

❑ But

Mode graphique.

❑ Syntaxe

void far **setallpalette**(struct palettetype
far *palette);

⇨ **palettetype far *palette:** pointeur sur la structure contenant la définition de la palette.

❑ Description

Définit les couleurs de la palette graphique. L'utilisation de la fonction **setallpalette** n'est valide que dans un environnement graphique EGA ou VGA.

❑ Fichier Include

```
#include <graphics.h>
```

❑ Exemple

```
setallpalette(&new_palette);
```

❑ Remarques

La structure «palettetype» est définie dans le fichier «graphics.h» de la manière suivante:

```
struct palettetype
 {
      unsigned char size;
      signed char colors [maxcolors+1];
 };
```

Le mode vidéo actif détermine le nombre total possible de couleurs. Les valeurs des codes couleurs CGA sont par défaut:

Valeur	Couleur
0	Noir
1	Bleu
2	Vert
3	Cyan
4	Rouge
5	Magenta
6	Marron
7	Blanc
8	Gris foncé
9	Bleu clair
10	Vert clair
11	Cyan clair
12	Rouge clair
13	Magenta clair
14	Jaune
15	Blanc clair

setallpalette retourne en cas d'erreur la valcur «-11» en affectant le code d'erreur graphique par grERROR, sinon «0».

❑ Voir aussi la fonction

SETPALETTE.

❑ Compatibilité

TURBO C	MSCT C	QUICK C	UNIX V	ANSI
1,5..2	*5*	*Equ*	*Non*	*Non*

❑ Equivalent

_setbkcolor

setbkcolor

❑ But
Mode graphique.

❑ Syntaxe
void far **setbkcolor**(int color);

⇨ **int color:** nouvelle couleur.

❑ Description
Sélectionne la nouvelle couleur de fond.

❑ Fichier Include
```
#include <graphics.h>
```

❑ Exemple
```
setbkcolor(14);
/* La nouvelle couleur est jaune */
```

❑ Remarque
L'exécution de la fonction **setbkcolor** change immédiatement la couleur de fond.

❑ Voir aussi la fonction
GETBKCOLOR.

❑ Compatibilité

TURBO C	MSCT C	QUICK C	UNIX V	ANSI
1,5..2	*5*	*Equ*	*Non*	*Non*

❑ Equivalent
_setbkcolor

setblock

❑ But

Appel système.

❑ Syntaxe

int **setblock**(int segment, int new_size);

⇨ **int segment:** adresse de départ du bloc précédemment alloué.

⇨ **int new_size:** nouvelle taille exprimée en octets.

❑ Description

La fonction **setblock** modifie la taille d'un bloc mémoire précédemment alloué par la fonction ALLOCMEM.

❑ Fichier Include

```
#include <dos.h>
```

❑ Exemple

```
setblock(segment, 500)
```

❑ Remarque

La fonction **setblock** fait appel à la fonction MS-DOS INT 4Ah.

❑ Voir aussi les fonctions

ALLOCMEM, FREEMEM, REALLOC.

❑ Compatibilité

TURBO C	MSCT C	QUICK C	UNIX V	ANSI
1..2	*Non*	*Equ*	*Non*	*Non*

❑ Equivalent

_dos_setblock

setbuf

❑ But

Entrée-sortie.

❑ Syntaxe

void **setbuf**(FILE *file_pointer, char *buffer);

⇨ **FILE *file_pointer:** flux associé à un fichier.
⇨ **char *buffer:** pointeur sur une zone mémoire.

❑ Description

La fonction **setbuf** assigne votre propre buffer («buffer») à un flux, remplaçant celui qui était automatiquement désigné par le système.

❑ Fichier Include

```
#include <stdio.h>
```

❑ Exemple

```
setbuf(infile, char_array);
```

❑ Remarques

Si le buffer est spécifié par NULL, alors les entrées-sorties du flux ne seront pas bufférisées. Sinon, le buffer est un tableau de caractères de BUFSIZ octets. La constante BUFSIZ est définie dans le fichier include stdio.h. Cette fonction permet d'effectuer des entrées-sorties avec un buffer d'une capacité plus importante que celui du système (512 octets).

❑ Voir aussi la fonction

SETVBUF.

❑ Compatibilité

TURBO C	MSCT C	QUICK C	UNIX V	ANSI
1..2	*3..5*	*Oui*	*Oui*	*Oui*

setcolor

❑ But

Mode graphique.

❑ Syntaxe

void far **setcolor**(int color);

⇨ **int color:** nouvelle couleur.

❑ Description

Sélectionne la couleur de tracé pour les fonctions de tracé comme ARC, ELLIPSE, LINETO ou PIESLICE RECTANGLE.

❑ Fichier Include

```
#include <graphics.h>
```

❑ Exemple

```
setcolor(7);
```

❑ Remarques

La couleur de tracé est par défaut la plus haute valeur possible de la palette active.
Si la couleur de tracé de la fonction **setcolor** n'est pas valide dans la palette active, **setcolor** n'aura aucune action (valeur de la couleur inchangée).

❑ **Voir aussi les fonctions**
GETCOLOR, SETALLPALETTE.

❑ **Compatibilité**

TURBO C	MSCT C	QUICK C	UNIX V	ANSI
1,5..2	*5*	*Equ*	*Non*	*Non*

❑ **Equivalent**

_setcolor

setdate

❑ But

Date-temps.

❑ Syntaxe

void ***setdate**(struct date *datep);

⇨ **struct date *datep:** pointeur sur la structure contenant les composantes de la date.

❑ Description

Initialisation de la date système.

❑ Fichier Include

```
#include <dos.h>
```

❑ Exemple

```
setdate(&date_info);
```

❑ Remarques

La fonction **setdate** utilise la fonction MS-DOS INT 2Bh pour initialiser la date système.

Les nouvelles composantes de la date doivent être dans la structure de type «date» avant d'utiliser la fonction **setdate.**

La structure «date» est la suivante:

```
struct date
{

int da_year ;/* année [1980..2099] */
char da_day ;/* jour du mois [1..31]*/
char da_mon ;/* mois  [1..12]      */
}
```

❑ Voir aussi les fonctions

GETDATE, GETTIME, SETTIME.

❑ Compatibilité

TURBO C	MSCT C	QUICK C	UNIX V	ANSI
1..2	*5*	*Equ*	*Non*	*Non*

❑ Equivalent

_dos_setdate

setdisk

❑ But

Appel système.

❑ Syntaxe

int **setdisk**(int driveno);

⇨ **int driveno:** nouveau lecteur de disque courant.

❑ Description

La fonction **setdisk** définit la nouvelle unité courante (disque ou disquette).

❑ Fichier Include

```
#include <dos.h>
```

❑ Exemple

```
nb_drives = setdisk(1);
```

❑ Remarques

setdisk appelle l'interruption MS-DOS INT 0Eh.
L'argument «driveno» est désigné de la façon suivante: A=0, B=1, C=2,...

setdisk retourne aussi le nombre total d'unités logiques connectées au système.

❑ Voir aussi la fonction

GETDISK.

❑ Compatibilité

TURBO C	MSCT C	QUICK C	UNIX V	ANSI
1..2	*5*	*Equ*	*Non*	*Non*

❑ Equivalent

_dos_setdrive

setfillpattern

❑ But

Mode graphique.

❑ Syntaxe

void far **setfillpattern**(char *fillpattern, int color);

⇨ **char *fillpattern:** pointeur sur un tableau de 8 x 8 bits contenant le motif de remplissage.
⇨ **int color:** couleur de remplissage.

❑ Description

Sélectionne le motif et la couleur de remplissage définis par l'utilisateur, pour les fonctions de dessins comme FILLELLIPSE, PIESLICE, ...

❑ Fichier Include

```
#include <graphics.h>
```

❑ Exemple

```
char far motif1[] = {1, 3, 7, 0xf,
0x1f, 0x4f, 0x8f, 0xff};
setfillpattern(motif1, WHITE);
```

❑ Remarques

Si un bit du tableau a la valeur «1», alors le pixel correspondant du motif est allumé et sera de la couleur «color». Sinon, le pixel sera éteint (couleur de fond).

Cette fonction permet à l'utilisateur de définir ses propres motifs de remplissage.

❑ Voir aussi la fonction

GETFILLPATTERN.

❑ Compatibilité

TURBO C	MSCT C	QUICK C	UNIX V	ANSI
1,5..2	*5*	*Equ*	*Non*	*Non*

❑ Equivalent

_setfillmask

setftime

❑ But
Entrée-sortie.

❑ Syntaxe
int **setftime**(int filehandle, struct ftime *ftimep);

⇨ **int filehandle:** identificateur du fichier.
⇨ **struct ftime *ftimep:** pointeur sur la structure contenant les informations relatives à la date et à l'heure.

❑ Description
La fonction **setftime** change la date et l'heure du fichier.

❑ Fichier Include
```
#include <io.h>
```

❑ Exemple
```
status = setftime(filehandle,
&file_stamp);
```

❑ Remarques
L'identificateur «handle» est obtenu précédemment par les fonctions comme _OPEN ou _CREAT.
setftime appelle l'interruption MS-DOS INT 57h.
La structure «ftime» contiendra l'heure et la date du fichier et est définie dans le fichier include io.h de la manière suivante

```
struct ftime
{
 unsigned ft_tsec;   /* Secondes     */
 unsigned ft_min;    /* Minutes      */
 unsigned ft_hour;   /* Heures       */
 unsigned ft_day     /* Jour         */
 unsigned ft_month;  /* Mois         */
 unsigned ft_year;   /* Année depuis
                        1980         */
}
```

La fonction **setftime** retourne la valeur «0» en cas de succès, sinon la valeur «-1» en affectant la variable globale ERRNO soit par la constante EBADF, soit par EINVFNC.

❏ Voir aussi les fonctions

GETFTIME, _OPEN, _CREAT.

❏ Compatibilité

TURBO C	MSCT C	QUICK C	UNIX V	ANSI
1..2	*5*	*Equ*	*Non*	*Non*

❏ Equivalent

_dos_setftime

setgraphmode

❑ But

Mode graphique.

❑ Syntaxe

void far **setgraphmode**(int mode);

⇨ **int mode:** mode vidéo.

❑ Description

La fonction **setgraphmode** efface l'écran et sélectionne un mode graphique.

❑ Fichier Include

```
#include <graphics.h>
```

❑ Exemple

```
setgraphmode(CGAHI);
```

❑ Remarques

Les différents modes vidéo et les adaptateurs graphiques sont les suivants en C:

CGAC0	320 x 200	palette 0	1-Page CGA
CGAC1	320 x 200	palette 1	1-Page CGA
CGAC2	320 x 200	palette 2	1-Page CGA
CGAC3	320 x 200	palette 3	1-Page CGA
CGAHI	640 x 200	2-couleurs	1-Page CGA
MCGAC0	320 x 200	palette 0	1-Page MCGA
MCGAC1	320 x 200	palette 1	1-Page MCGA
MCGAC2	320 x 200	palette 2	1-Page MCGA
MCGAC3	320 x 200	palette 3	1-Page MCGA
MCGAMED	640 x 200	2 couleurs	1-Page MCGA
MCGAH	640 x 480	2 couleurs	1-Page MCGA
EGALO	640 x 200	16 couleurs	4-Pages EGA
EGAHI	640 x 350	16 couleurs	2-Pages EGA
EGA64LO	640 x 200	16 couleurs	1-Page EGA
EGA64HI	640 x 350	4 couleurs	1-Page EGA
EGAMONOHI	640 x 350	256 k mém. vid.	4-Pages EGA
HERCMONOHI	720 x 348		2-Page HERC.
ATT400C0	320 x 200	palette 0	1-Page AT&T
ATT400C1	320 x 200	palette 1	1-Page AT&T
ATT400C2	320 x 200	palette 2	1-Page AT&T
ATT400C3	320 x 200	palette 3	1-Page AT&T
ATT400MED	400 x 200		1-Page AT&T
ATT400HI	640 x 400		1-Page AT&T
VGALO	640 x 200	16 couleurs	4-Page VGA
VGAMED	640 x 350	16 couleurs	2-PagesVGA
VGAHI	640 x 480	16 couleurs	1-Page VGA
PC3270HI	720 x 350		1-PagePC3270
IBM8514LO	640 x 480	256 couleurs	IBM 8514
IBM8515HI	1024x 768	256 couleurs	BM 8514

❑ Compatibilité

TURBO C	MSCT C	QUICK C	UNIX V	ANSI
1,5..2	*5*	*Equ*	*Non*	*Non*

❑ Equivalent

_setvideomode

setjmp

❑ But

Gestion de processus.

❑ Syntaxe

int **setjmp**(jmp_buf env);

⇨ **jmp_buf env:** les registres et l'adresse du retour sont sauvegardés dans cette variable.

❑ Description

Initialisation de la structure «jmp_buf» pour préparer un saut entre blocs mémoire par la fonction LONGJMP.

Cette fonction sauve l'environnement nécessaire pour pouvoir passer d'un bloc mémoire à un autre.

❑ Fichier Include

```
#include <setjmp.h>
```

❑ Exemple

```
setjmp(environ1);
```

❑ Remarque

La fonction **setjmp** doit être utilisée avec la fonction LONGJMP.

❑ Voir aussi la fonction

LONGJMP.

❑ Compatibilité

TURBO C	MSCT C	QUICK C	UNIX V	ANSI
1..2	*3..5*	*Oui*	*Oui*	*Oui*

setlinestyle

❑ But

Mode graphique.

❑ Syntaxe

void far **setlinestyle**(int linestyle,
insigned upattern,
int thickness);

⇨ **int linestyle:** style de la ligne.
⇨ **insigned upattern:** motif de la ligne défini par l'utilisateur, utilisé lorsque «linestyle» vaut «4».
⇨ **int thickness:** épaisseur de la ligne en pixels [1 ou 3].

❑ Description

La fonction **setlinestyle** sélectionne le style et l'épaisseur des lignes.

❑ Fichier Include

```
#include <graphics.h>
```

❑ Exemple

```
setlinestyle(0,0,1);
      ou
setlinestyle(userbit_line, 0x3ff,
norm_width);
```

❑ Remarques

Si l'un des arguments de la fonction est invalide, **setlinestyle** renvoie le code d'erreur «-11».

Les différents styles de lignes sont:

0	**SOLID_LINE**	«_____ »
1	**DOTTED_LINE**	«........»
2	**CENTER_LINE**	«_-_-_- »
3	**DASHED_LINE**	«--------»
4	**USERBIT_LINE**	ligne utilisateur

Les différents largeurs de lignes sont:

1	**NORM_WIDTH**	1 pixel
3	**THICK_WIDTH**	3 pixels

❑ **Voir aussi la fonction**
GETLINESTYLE.

❑ **Compatibilité**

TURBO C	MSCT C	QUICK C	UNIX V	ANSI
1,5..2	*5*	*Equ*	*Non*	*Non*

❑ **Equivalent**

_setlinestyle

setmode

❑ But

Manipulation de fichier.

❑ Syntaxe

int **setmode**(int handle, int mode);

⇨ **int handle:** identificateur de fichier.
⇨ **int mode:** mode du fichier.

❑ Description

La fonction **setmode** change le mode d'un fichier déjà ouvert en mode binaire ou en mode texte.

❑ Fichier Include

```
#include <io.h>
        ou
#include <fcntl.h>
```

❑ Exemple

```
setmode(filehandle, O_TEXT);
```

❑ Remarques

L'argument «mode» peut prendre l'une des deux valeurs suivantes:

«mode»	Signification
O_TEXT	Mode texte
O_BINARY	Mode binaire

setmode retourne en cas de succès «0», sinon renvoie la valeur «-1» et affecte la variable globale ERRNO soit par EBADF (l'identificateur du fichier est incorrect), soit par EINVAL (l'argument «mode» est incorrect).

❑ Voir aussi les fonctions

FOPEN, OPEN.

❑ Compatibilité

TURBO C	MSCT C	QUICK C	UNIX V	ANSI
1..2	*3..5*	*Oui*	*Non*	*Non*

setpalette

❑ But

Mode graphique.

❑ Syntaxe

void far **setpalette**(int pixel_value,
int color);

⇨ **int pixel_value:** index de la couleur à changer.
⇨ **int color:** nouvelle couleur.

❑ Description

Change la valeur de la couleur associée à un pixel de la palette active. Par exemple, si les pixels de valeur «3» ont pour couleur le cyan, on affecte à tous les pixels de mêmes valeurs une nouvelle couleur.

❑ Fichier Include

```
#include <graphics.h>
```

❑ Exemple

```
SETPALETTE(1, 4);
```

❑ Remarques

setpalette change la couleur d'une seule valeur de pixel de toute la palette.

Cette fonction n'est valide que dans un environnement vidéo VGA ou EGA (avec le mode CGA, on ne peut redéfinir que le pixel «0»). Si **setpalette** est appelé avec un argument invalide, le code d'erreur graphique sera égal à «-11».

❑ Voir aussi la fonction

SETALLPALETTE.

❑ Compatibilité

TURBO C	MSCT C	QUICK C	UNIX V	ANSI
1,5..2	*5*	*Equ*	*Non*	*Non*

❑ Equivalent

_remapallpalette

settime

❑ But

Date-temps

❑ Syntaxe

void **settime**(struct time *timep);

⇨ **struct time *timep:** pointeur sur la structure contenant les composantes de l'heure.

❑ Description

Initialisation de l'heure système.

❑ Fichier Include

```
#include <dos.h>
```

❑ Exemple

```
settime(&heure_info);
```

❑ Remarques

La fonction **settime** utilise la fonction MS-DOS INT 2Dh pour initialiser l'heure système.
Les nouvelles composantes de l'heure doivent être dans la structure de type «time» avant l'utilisation de la fonction GETTIME.

La structure dans laquelle seront mémorisées les composantes de l'heure est du type suivant:

```
struct time
{
unsigned char ti_min;
      /* minutes (0-59)                    */
unsigned char ti_hour;
      /* heures    (0-23)                  */
unsigned char ti_hund;
      /*centièmes de seconde (0-99)*/
unsigned char ti_sec;
      /*secondes    (0-59)                 */
};
```

❑ Voir aussi les fonctions

GETTIME, GETDATE, SETDATE.

❑ Compatibilité

TURBO C	MSCT C	QUICK C	UNIX V	ANSI
1..2	*5*	*Equ*	*Non*	*Non*

❑ Equivalent

_dos_settime

setvbuf

❑ But

Entrée-sortie.

❑ Syntaxe

int **setvbuf**(FILE *file_pointer, char *buffer,
int buffer_type, size_t size);

⇨ **FILE *file_pointer:** flux associé à un fichier.
⇨ **char *buffer:** pointeur sur une zone mémoire.
⇨ **int buffer_type:** type du buffer.
⇨ **size_t size:** nombre d'octets du buffer.

❑ Description

La fonction **setvbuf** assigne votre propre buffer («buffer») à un flux, remplaçant celui qui était automatiquement désigné par le système. **setvbuf** contrôle la taille et le type du buffer à utiliser.

❑ Fichier Include

```
#include <stdio.h>
```

❑ Exemple

```
setvbuf(filehandle,buffer,_IOFBF,256);
```

❑ Remarque

L'argument «buffer_type» peut prendre l'une des trois constantes ci-après:

«buffer_type»	Signification
_IOFBF	Utilisation de la totalité du buffer pour les opérations d'entrées sorties (Full buffering).
_IOLBF	Utilisation du buffer jusqu'a la rencontre du caractère de fin de ligne (Line buffering).
_IONBF	N'utilise pas le buffer pour les opérations d'entrées-sorties. Les autres arguments de setvbuf seront alors ignorés.

❑ Voir aussi la fonction

SETBUF.

❑ Compatibilité

TURBO C	MSCT C	QUICK C	UNIX V	ANSI
1..2	*3..5*	*Oui*	*Oui*	*Oui*

setvect

❑ But

Appel système.

❑ Syntaxe

void **setvect**(int intno,
void interrupt(*handler());

⇨ **int intno:** numéro du vecteur.

⇨ **void interrupt(*handler)():** pointeur sur l'adresse de la fonction d'interruption.

❑ Description

La fonction **setvect** installe un nouveau vecteur d'interruption. Ce nouveau vecteur est en fait l'adresse d'une fonction qui sera appelée lors de l'interruption.

❑ Fichier Include

```
#include<dos.h>
```

❑ Exemple

```
setvect(4, fonction_interupt);
```

❑ Remarques

La fonction **setvect** utilise l'interruption MS-DOS INT 25h pour installer le nouveau vecteur d'interruption.

Il est conseillé de lire le vecteur actuel d'interruption (GETVECT) et de le sauvegarder avant d'appeler la fonction **setvect**.

❑ Voir aussi la fonction

GETVECT.

❑ Compatibilité

TURBO C	MSCT C	QUICK C	UNIX V	ANSI
1..2	*5*	*Equ*	*Non*	*Non*

❑ Equivalent

_dos_setvect

setviewport

❑ But

Mode graphique.

❑ Syntaxe

void far **setviewport**(int left, int top,
int right, int bottom, int clip);

⇨ **int left, top:** coordonnées du coin en haut à gauche.
⇨ **int right,bottom:** coordonnées du coin en bas à droite.
⇨ **int clip:** Flag [0 ou 1].

❑ Description

Définition de la taille de la fenêtre graphique active.

❑ Fichier Include

```
#include <graphics.h>
```

❑ Exemple

```
setviewport(20, 20, 250, 250, 1);
```

❑ Remarques

L'argument «clip» indique si les dessins à la frontière de la fenêtre seront coupés.
L'origine des coordonnées est le coin en haut à gauche (0,0).

❑ Voir aussi les fonctions

CLEARVIEWPORT, WINDOW.

❑ Compatibilité

TURBO C	MSCT C	QUICK C	UNIX V	ANSI
1,5..2	*5*	*Equ*	*Non*	*Non*

❑ Equivalent

_setviewport

setvisualpage

❑ But

Mode graphique.

❑ Syntaxe

void far **setvisualpage**(int page);

⇨ **int page:** numéro de la page graphique à afficher.

❑ Description

Sélectionne une page graphique à afficher.

❑ Fichier Include

```
#include <graphics.h>
```

❑ Exemple

```
setvisualpage(1);
```

❑ Remarques

Seules les cartes graphiques EGA, VGA avec 256 Ko de mémoire vidéo et Hercules peuvent accepter plusieurs pages graphiques.

❑ Voir aussi la fonction

SETACTIVEPAGE.

❑ Compatibilité

TURBO C	MSCT C	QUICK C	UNIX V	ANSI
1..2	*5*	*Equ*	*Non*	*Non*

❑ Equivalent

_setvisualpage

sin

❑ But

Calcul mathématique.

❑ Syntaxe

double **sin**(double x);

⇨ **double x:** angle.

❑ Description

Calcule le sinus de l'angle spécifiée.

❑ Fichier Include

```
#include <math.h>
```

❑ Exemple

```
y = sin(x);
```

❑ Voir aussi les fonctions

ASIN, COS.

❑ Compatibilité

TURBO C	MSCT C	QUICK C	UNIX V	ANSI
1..2	*3..5*	*Oui*	*Oui*	*Oui*

sinh

❑ But

Calcul mathématique.

❑ Syntaxe

double **sinh**(double x);

⇨ **double x:** angle.

❑ Description

Retourne le sinus hyperbolique de l'angle spécifié.

❑ Fichier Include

```
#include <math.h>
```

❑ Exemple

```
resultat = sinh(x);
```

❑ Remarques

Si le résultat est trop grand (avec une variable de type «long», le maximum est 10^{308}), la fonction **sinh** retourne la valeur HUGE_VAL et affecte ERRNO par ERANGE.

❑ Voir aussi la fonction

COSH.

❑ Compatibilité

TURBO C	MSCT C	QUICK C	UNIX V	ANSI
1..2	*3..5*	*Oui*	*Oui*	*Oui*

sopen

❑ But

Entrée-sortie.

❑ Syntaxe

int **sopen**(char *filename, int access, int flag,
unsigned pmode);

⇨ **char *filename:** nom du fichier complet à ouvrir avec son chemin d'accès et le lecteur.
⇨ **int access:** mode d'accès du fichier.
⇨ **int flag:** mode de partage du fichier.
⇨ **unsigned pmode:** autorisation d'accès.

❑ Description

La fonction **sopen** permet l'ouverture en écriture et en lecture d'un fichier en mode partagé.

❑ Fichier Include

```
#include<io.h>
       ou
#include<share.h>
       ou
#include<fcntl.h>
       ou
#include<sys\types.h>
       ou
#include<sys\stat.h>
```

❑ Exemple

```
handle = sopen("c:\pgm.dat",O_RDONLY,
SH_DENYRW,SH_IREAD);
```

❑ **Remarques**

L'argument «access» est défini par l'une des constantes suivantes:

«access»	Signification
O_APPEND	Ecriture après la fin du fichier. Mode ajout.
O_BINARY	Mode binaire. Ce mode est identique à celui utilisé par FOPEN.
O_NDELAY	Compatibilité avec Unix.
O_CREAT	Crée et ouvre un nouveau fichier s'il n'existe pas.
O_EXCL	Retourne un code d'erreur si O_CREAT est spécifié et si le fichier existe déjà.
O_WDONLY	Mode écriture uniquement. O_RDONLY et O_RDWR ne peuvent pas être associés (opérateur OR) avec ce mode.
O_RDONLY	Mode lecture uniquement. O_WRONLY et O_RDWR ne peuvent pas être associés (opérateur OR) avec ce mode.
O_RDWR	Mode lecture et écriture. O_RDONLY et O_WRONLY ne peuvent pas être associés (opérateur OR) avec ce mode.
O_TEXT	Mode texte. Ce mode est identique à celui utilisé parFOPEN.
O_TRUNC	Effacement du fichier. O_RDONLY et O_RDWR sont interdits avec ce mode.

L'argument «flag» est défini par l'une des constantes suivantes:

«flag»	Signification
SH_COMPAT	Aucun autre processus ne pourra accéder à ce fichier. Ce mode est appelé "mode compatible". Ce mode est similaire au mode utilisé par MS-DOS. Mode de protection par défaut.
SH_DENYRW	Un seul processus a "l'exclusivité" en écriture et en lecture sur un fichier.
SH_DENYWR	Aucun autre processus ne pourra accéder à ce fichier en écriture.
SH_DENYRD	Aucun autre processus ne pourra accéder à ce fichier en lecture.
SH_DENYNO	Aucun processus ne pourra accéder à ce fichier tant en écriture qu'en lecture.

L'argument «pmode» prend l'une des constantes:

«pmode»	Signification
S_IWRITE	Ecriture non autorisée.
S_READ	Lecture non autorisée. Impossible avec le système MS-DOS.
S_IREAD | S_IWRITE	Ecriture et lecture non autorisées.

❑ Voir aussi les fonctions

CLOSE, FOPEN.

❑ Compatibilité

TURBO C	MSCT C	QUICK C	UNIX V	ANSI
1..2	*3..5*	*Oui*	*Non*	*Non*

spawn...

❑ But

Gestion de processus.

❑ Syntaxe

✦ int **spawnl**(int modeflag, char *path,
 char *arg0, char *arg1, ..., NULL);

✦ int **spawnle**(int modeflag, char *path,
 char *arg0,char *arg1, ..., NULL,
 char *envp[]);

✦ int **spawnlp**(int modeflag, char *path,
 char *arg0, char *arg1, ..., NULL);

✦ int **spawnlpe**(int modeflag, char *path,
 char *arg0, char*arg1, ..., NULL,
 char *enp[]);

✦ int **spawnv**(int modeflag, char *path,
 char *argv[]);

✦ int **spawnve**(int modeflag, char *path,
 char *argv[], char *envp[]);

✦ int **spawnvp**(int modeflag, char *path,
 char *argv[]);

✦ int **spawnvpe**(int modeflag, char *path,
 char *argv[], char *envp[]);

⇨ **int modeflag:** mode d'exécution du processus père après l'appel.

⇨ **char *path:** chemin d'accès du processus fils.

- ⇨ **char *arg0, ..., NULL:** liste d'arguments transmis au processus fils. Liste de longueur quelconque, devant se terminer par NULL.
- ⇨ **char *argv[]:** tableau de lignes de commandes à exécuter dans le processus fils.
- ⇨ **char *enpv[]:** liste de paramètres relatifs à l'environnement du processus fils. Si la liste est NULL, l'environnement est inchangé.

❑ Description

Les fonctions «**spawn..**» chargent et exécutent un processus fils. Retour au processus appelant, après l'exécution du processus fils. Les fonctions «**spawn.**» ont les suffixes ci-après:

✧ Options obligatoires: «L» ou «V»

L	Les arguments seront communiqués au processus fils séparément. Les arguments «Arg0, ..., Argn» sont listés les uns après les autres. Le pointeur NULL doit indiquer la fin des arguments. Cette option est utilisée lorsque le nombre d'arguments est connu d'avance.
V	Les arguments ici, à l'inverse de l'option «L», sont sous la forme d'un tableau de chaînes de caractères. La fin du tableau doit être indiquée par NULL. Le tableau sera passé comme argument au processus fils grâce au pointeur «Argv». Cette option est à conseiller lorsque le nombre des paramètres à transmettre est variable.

✧ Options facultatives: «E» ou «P» ou «PE»

E	L'environnement du processus fils peut revoir une modification grâce à l'argument «envp» . Sans ce paramètre, le processus fils travaillera dans le même environnement que le processus parent. La fin du tableau contenant les définitions des variables de l'environnement doit être indiquée par NULL.
P	Recherche le processus fils dans le PATH par COMMAND.COM. Le processus fils doit être présent dans un des chemins spécifiés par le PATH.
PE	Association des deux options ci-dessus.

Les différentes valeurs du paramètre «modcflag»:

P_WAIT	Le processus appelant attend la fin de l'exécution du processus fils comme un appel classique de sous-programme.
P_NOWAIT	Ce mode n'est possible qu'en multitâches. Le processus appelant continue son exécution pendant le déroulement du processus fils.
P_OVERLAY	Le processus fils recouvre le processus appelant (comme un overlay). Ce mode est similaire à l'action des fonctions «*EXEC...*»

❑ Fichier Include

```
#include <process.h>
```

❑ Exemple

```
spawnl(P_WAIT, "pgm.exe", "pgm",NULL);
```

```
spawnvpe(P_OVERLAY,"backup","C:*.*",
NULL);
```

❑ Remarques

Les fonctions **spawn**... retournent un code de retour de valeur «0» en cas de succès.

Dans le cas contraire, la valeur du code de retour sera «-1» et la variable globale ERRNO sera affectée par l'une des valeurs suivantes:

E2BIG	Liste des arguments est trop longue.
EACESS	Accès au fichier est refusée.
EMFILE	Trop de fichiers ouverts simultanément.
ENOENT	Fichier ou chemin d'accès non trouvé.
ENOMEM	Espace mémoire insuffisant.

Ces fonctions sont utilisées couramment pour l'exécution d'un programme qui est compilé séparément de l'application appelante ou du processus père.

La différence entre «**spawn...**» et «EXEC..» est la possibilité de définir (grâce au paramètre «mode») ce que fera le programme appelant après l'exécution du processus fils. Les fichiers qui étaient ouverts au niveau du processus père (avant l'appel du processus fils) peuvent être utilisés avec le processus fils.

❑ Voir aussi la fonction

EXEC.

❑ Compatibilité

TURBO C	MSCT C	QUICK C	UNIX V	ANSI
1..2	*4..5*	*Oui*	*Non*	*Non*

sprintf

❑ But

Entrée-sortie.

❑ Syntaxe

int **sprintf**(char *chain,
const *format_string, ...);

⇨ **char *chain**: chaîne vers laquelle seront envoyées les données formatées.

⇨ **const char *format_string:** chaîne décrivant le format à utiliser pour le formatage.

⇨ ...: représente les articles à imprimer.

❑ Description

sprintf est identique à PRINTF, sauf que la fonction **sprintf** enverra les données terminées par un zéro terminal dans la chaîne «chain».

❑ Fichier Include

```
#include <stdio.h>
```

❑ Exemple

```
sprintf(buffer,"%d",nombre);
/*buffer contiendra le nombre */
```

❑ Remarques

sprintf retourne le nombre de caractères stockés dans l'argument «chain».

Une des utilisations courantes de cette fonction est de formater en impression une chaîne de caractères, pour la récupérer et l'afficher dans une fonction graphique par exemple.

Pour plus de détails au sujet de l'argument «format_string», se reporter à la fonction CPRINTF.

❑ Voir aussi les fonctions

CPRINTF, PRINTF,....

❑ Compatibilité

TURBO C	MSCT C	QUICK C	UNIX V	ANSI
1..2	*3..5*	*Oui*	*Oui*	*Oui*

sqrt

❏ But

Calcul mathématique.

❏ Syntaxe

double **sqrt**(double x);

⇨ **double x:** nombre.

❏ Description

Retourne la racine carrée d'une valeur non négative.

❏ Fichier Include

```
#include <math.h>
```

❏ Exemple

```
sept = sqrt(49.0);
```

❏ Remarque

Si le nombre à calculer est négatif, **sqrt** imprime le message de type DOMAIN sur STDERR, affecte ERRNO par EDOM et renvoie la valeur zéro.

❏ Voir aussi la fonction

POW.

❏ Compatibilité

TURBO C	MSCT C	QUICK C	UNIX V	ANSI
1..2	*3..5*	*Oui*	*Oui*	*Oui*

srand

❑ But
Calcul mathématique.

❑ Syntaxe
void **srand**(unsigned seed);

⇨ **unsigned seed:** valeur de départ du générateur.

❑ Description
Initialisation de la valeur de départ du générateur de nombres pseudo-aléatoires.

❑ Fichier Include
```
#include <stdlib.h>
```

❑ Exemple
```
srand(new_value);
srand(time(&current));
```

❑ Voir aussi les fonctions
RAND, RANDOMIZE.

❑ Compatibilité

TURBO C	MSCT C	QUICK C	UNIX V	ANSI
1..2	*3..5*	*Oui*	*Oui*	*Oui*

sscanf

❑ But

Entrée-sortie.

❑ Syntaxe

int **sscanf**(const char *buffer
            const char *format string, ...);

⇨ **const char *buffer:** Buffer où les données seront lues.
⇨ **const char *format_string:** Chaîne décrivant le format à utiliser pour la lecture des données.
⇨ ...: Représente les articles à lire.

❑ Description

La fonction **sscanf** lit les données à partir de la zone «buffer» pour les convertir et les stocker dans leurs variables respectives.

❑ Fichier Include

```
#include <stdio.h>
```

❑ Exemple

```
sscanf(buffer,
"VILLE: %s CODE: %d",city,zip);
```

❑ Remarques

Pour plus de détails au sujet de l'argument «format_string», se reporter à la fonction SCANF. **sscanf** retourne le nombre d'articles correctement lus, convertis et sauvés dans leurs variables respectives.

❑ Voir aussi les fonctions

SCANF, FSCANF, CSCANF.

❑ Compatibilité

TURBO C	MSCT C	QUICK C	UNIX V	ANSI
1..2	*3..5*	*Oui*	*Oui*	*Non*

stat

❑ **But**

Manipulation de fichier.

❑ **Syntaxe**

int **stat**(char *path, struct stat*buffer);

⇨ **char *path:** chemin d'accès du fichier.
⇨ **struct stat*buffer:** pointeur sur la structure qui contiendra le résultat.

❑ **Description**

La fonction **stat** retourne certaines informations du fichier ou du répertoire spécifié par l'argument «path». Ces informations seront sauvegardées dans une zone ayant une structure de type «stat».

❑ **Fichier Include**

```
#include <sys\types.h>
       ou
#include <sys\stat.h>
```

❑ **Exemple**

```
stat("a:\PEG.dat",&stat_info);
```

❑ **Remarques**

L'argument «buffer» doit être du type «stat». La structure «stat» est définie dans le fichier include sys\stat.h de la manière suivante:

```
struct stat
{
short st_dev;      /* Numéro du lecteur contenant le  fichier.      */
short st_ino;      /* Inutilisé sous MS-DOS.                        */
short st_mode;     /* Bits d'état du mode du fichier.               */
short st_nlink;    /* Sous MS-DOS a la valeur «1».                  */
int st_uid;        /* Inutilisé sous MS-DOS.                        */
int st_gid;        /* Inutilisé sous MS-DOS.                        */
short st_rdev;     /* Identique au champ st_dev.                    */
long st_size;      /* Taille du fichier.                            */
long st_atime;     /* Date et heure de la dernière modification.    */
long st_mtime;     /* Identique au champ st_atime.                  */
long st_ctime;     /* Identique au champ st_atime.                  */
}
```

Plusieurs champs de la structure «stat» sont inutilisés sous MS-DOS. Ils sont néanmoins présents dans la structure pour conserver une compatibilité avec d'autres systèmes.
stat retourne en cas de succès la valeur «0», sinon renvoie la valeur «-1» et affecte la variable globale ERRNO par la constante ENOENT.

❑ Voir aussi les fonctions

ACCESS, CHMOD, FSTAT.

❑ Compatibilité

TURBO C	MSCT C	QUICK C	UNIX V	ANSI
1..2	*3..5*	*Oui*	*Oui*	*Non*

_status87

❑ But
Calcul mathématique.

❑ Syntaxe
unsigned in **_status87**(void);

❑ Description
Retourne le mot d'état en virgule flottante.

❑ Fichier Include
```
#include <float.h>
```

❑ Exemple
```
if (_status87() & SW_ZERODIVIDE)
 puts("erreur division par zéro");
```

❑ Remarques
L'utilisateur peut utiliser le mot d'état pour gérer ses propres erreurs.

❑ Voir aussi les fonctions
_CLEAR87, _CONTROL87.

❑ Compatibilité

TURBO C	MSCT C	QUICK C	UNIX V	ANSI
1..2	*4..5*	*Oui*	*Non*	*Non*

str...

❑ But

Manipulation de chaîne.

❑ Syntaxe

✦ char ***strcat**(char *dest, char *source);

✦ char ***strchr**(char *string, int c);

✦ char ***strcmp**(char *string1, char *string2);

✦ char ***strcmpi**(char *string1, char *string2);

✦ char ***strcpy**(char *dest, char *source);

✦ size_t **strcspn**(char *string1, char *string2);

✦ char * **strdup**(char *string);

✦ char ***strerror**(int errnum);

✦ char ***_strerror**(char *string);

✦ int ***stricmp**(char *string1, char *string2);

✦ size_t **strlen**(char *string);

✦ char ***strlwr**(char *string);

✦ char ***strncat**(char *dest, char *source, size_t n);

✦ int **strncmp**(char *string1, char *string2,
size_t n);

✦ char ***strncpy**(char *dest,
char *source, size_t n);

✦ int **strnicmp**(char *string1, char *string2,
size_t n);

✦ char ***strnset**(char *string, int c, size_t n);

✦ char ***strpbrk**(char *string1, char *string2);

- char ***strrchr**(char *string, int c);
- char ***strrev**(char *string);
- char ***strset**(char *string, int c);
- size_t **strspn**(char *string1, char *string2);
- char ***strstr**(char *string1, char *string2);
- double **strtod**(char *string, char *end);
- char ***strtok**(char *string1, char *string2);
- long **strtol**(char *string, char *end, int base);
- unsigned long **strtoul**(char *string, char *end, int base);
- char ***strupr**(char *string);

❑ **Description**

- **strcat**: Concaténation de deux chaînes. Le résultat est la chaîne destination concaténée à la chaîne source et terminée par le caractère zéro terminal (\0). **strcat** renvoie un pointeur sur la chaîne de destination, c'est-à-dire la chaîne concaténée.
- **strchr**: Recherche la première occurrence «int c» dans la chaîne .
  Si le caractère a été trouvé, **strchr** renvoie un pointeur correspondant à la position de ce caractère. Sinon, envoie NULL.
- **strcmp**: Comparaison des deux chaînes entre elles. **strcmp** retourne soit une valeur négative («string1» < «string2»), soit une valeur nulle («string1» = «string2»), soit une valeur positive («string1» > «string2»).

- **strcmpi**: Fonction similaire à **strcmp**. Mais elle ne fait pas la différence entre les minuscules et les majuscules.
- **strcpy**: Copie d'une chaîne dans l'autre. Exécute la copie de «source» dans «dest». **strcpy** retourne un pointeur sur la position de «dest».
- **strcspn**: Recherche de la première sous-chaîne de la chaîne «string1» qui ne contient aucun caractère de la chaîne «string2». La fonction renvoie la longueur de cette sous-chaîne.
- **strdup**: Copie d'une chaîne dans un espace mémoire nouvellement alloué. **strdup** utilise d'abord la fonction MALLOC pour allouer de la mémoire pouvant contenir la chaîne. **strdup** retourne la valeur NULL si la place mémoire est insuffisante. Sinon, retourne le pointeur correspondant à la position mémoire allouée.
- **strerror**: Retourne le dernier message d'erreur système en clair. Pour cela, **strerror** renvoie un pointeur obtenu à partir de SYS_ERRLIST. La valeur de l'erreur («errnum») est souvent la variable globale ERRNO.

  Exemple:

  erreur_message = **strerror**(errno);
- **_strerror**: Retourne une chaîne contenant le message d'erreur («string») et la valeur actuelle de la variable ERRNO. Si la chaîne «string» est NULL, la chaîne renvoyée par **_strerror** sera constituéé uniquement par le message système. Sinon, **_strerror** construit son propre message d'erreur «string» concaténé avec le message système.

Exemple:
erreur_msg = **_strerror**("Erreur de gestion");

- **stricmp**: Comparaison entre deux chaînes de caractères sans tenir compte des majuscules, ni des minuscules. **stricmp** convertit les deux chaînes en minuscules et effectue ensuite la comparaison.
  stricmp renvoie au retour soit une valeur zéro si «string1» = «string2», soit une valeur positive si «string1» > «string2», soit une valeur négative si «string1» = «string2».
- **strlen**: Effectue le comptage des caractères (longueur) de la chaîne sans compter le caractère terminal NULL.
  Exemple: length = **strlen**(name);
- **strlwr**: Conversion de toutes les majuscules de la chaîne en minuscules. Les autres caractères ne sont pas affectés par **strlwr**. La fonction **strlwr** renvoie un pointeur sur la chaîne convertie.
- **strncat**: Concaténation des «n» premiers octets de la chaîne «source» à la suite de «dest». La chaîne «dest» contient le résultat.
- **strncmp**: Comparaison des deux chaînes sur une longueur «n». La comparaison tient compte des majuscules et des minuscules. **strncmp** renvoie au retour soit une valeur zéro si «string1» = «string2», soit une valeur positive si «string1» > «string2», soit une valeur négative si «string1» = «string2».

- **strncpy**: Copie des «n» caractères de la chaîne «source» dans «dest». Si «n» est plus grand que la chaîne «dest», la copie de la chaîne «source» sera tronquée. Sinon, **strncpy** remplira de blancs les places restantes dans «dest».
- **strnicmp**: Comparaison sans distinguer les majuscules des minuscules des «n» octets des deux chaînes.
  strnicmp renvoie au retour soit une valeur zéro si «string1» = «string2», soit une valeur positive si «string1» > «string2», soit une valeur négative si «string1» = «string2».
- **strnset**: Initialisation des «n» octets de la chaîne «string1» avec le caractère «c».
- **strpbrk**: Recherche dans la chaîne «string1» la première occurrence d'un caractère quelconque de la chaîne «string2». **strpbrk** retourne un pointeur sur la position de la première occurrence trouvée. Sinon, NULL est renvoyé.
- **strrchr**: est identique à STRCHR, mais en effectuant la recherche du caractère «n» par la fin de la chaîne «string». **strrchr** est donc la recherche de la dernière occurrence «c» dans «string».
- **strrev**: Inversion de l'ordre tous les caractères de «string», excepté le caractère NULL de fin de chaîne.
- **strset**: Initialisation de tous les caractères de la chaîne «string» par le caractère «n», excepté le caractère NULL de fin de chaîne.
- **strspn**: Recherche du premier caractère de la chaîne «string1» n'étant pas présent dans la

chaîne «string2». Le caractère de fin de chaîne n'est pas inclus dans la recherche. En cas de succès, **strspn** renvoie un pointeur sur sa position dans la chaîne «string1».
De plus, cette position correspond en fait à la longueur de la sous-chaîne de «string1» présente dans «string2».

- **strstr**: Recherche de la première occurrence de la chaîne «string2» dans la chaîne «string1». Exemple:
  index_ptr = **strstr**("rechercher", "chercher");
- **strtod**: Conversion d'une chaîne en une valeur de type double. **strtod** s'arrête sur un NULL ou si elle rencontre un caractère ne pouvant être converti et renvoie NULL. «end» est le pointeur sur le caractère sur lequel s'est arrêtée la conversion. (si «end» est égal à NULL, il y a au moins un caractère invalide). La différence entre **strtod** et ATOF est qu'ici on peut traiter la chaîne à l'endroit ou l'erreur s'est produite.
- **strtok**: Recherche dans la chaîne «string1» d'une sous-chaîne séparée par des délimiteurs définis dans la chaîne «string2». **strtok** retourne un pointeur sur l'adresse ou il a trouvé un délimiteur. Par étapes successives, on peut donc décomposer toute la chaîne «string1».
- **strtol**: Conversion de la chaîne «string1» en entier de type long. La base «base» indique dans quel système la conversion aura lieu: octal, décimal ou hexadécimal. **strtol** s'arrête sur un NULL ou si elle rencontre un caractère ne pouvant être converti et renvoie NULL. «end» est le

pointeur sur le caractère sur lequel s'est arrêtée la conversion. (si «end» est égal à NULL, il y a au moins un caractère invalide).

- ✧ **strtoul**: Conversion de la chaîne «string1» en une valeur de type long non signé.
Voir STRTOL.
- ✧ **strupr**: Conversion uniquement des minuscules en majuscules.
Voir la fonction inverse STRLWR.

❑ Fichier Include

```
#include <string.h>
```

❑ Exemple

```
resultat = strcmp("XYZ","xyz");
strcpy(commande_dos, "A:\JNC.exe");
```

❑ Compatibilité

strcat:

TURBO C	MSCT C	QUICK C	UNIX V	ANSI
1..2	*3..5*	*Oui*	*Oui*	*Oui*

strchr:

TURBO C	MSCT C	QUICK C	UNIX V	ANSI
1..2	*3..5*	*Oui*	*Oui*	*Oui*

strcmp:

TURBO C	MSCT C	QUICK C	UNIX V	ANSI
1..2	*3..5*	*Oui*	*Oui*	*Oui*

strcmpi:

TURBO C	MSCT C	QUICK C	UNIX V	ANSI
1,5..2	*3..5*	*Non*	*Non*	*Non*

strcpy:

TURBO C	MSCT C	QUICK C	UNIX V	ANSI
1..2	*3..5*	*Oui*	*Oui*	*Oui*

strcspn:

TURBO C	MSCT C	QUICK C	UNIX V	ANSI
1..2	*3..5*	*Oui*	*Oui*	*Oui*

strdup:

TURBO C	MSCT C	QUICK C	UNIX V	ANSI
1..2	*3..5*	*Oui*	*Non*	*Non*

strerror:

TURBO C	MSCT C	QUICK C	UNIX V	ANSI
1,5..2	*4..5*	*Oui*	*Non*	*Oui*

_strerror:

TURBO C	MSCT C	QUICK C	UNIX V	ANSI
1,5..2	*5*	*Oui*	*Non*	*Non*

stricmp:

TURBO C	MSCT C	QUICK C	UNIX V	ANSI
1..2	*4..5*	*Oui*	*Non*	*Non*

strlen:

TURBO C	MSCT C	QUICK C	UNIX V	ANSI
1..2	*3..5*	*Oui*	*Oui*	*Oui*

strlwr:

TURBO C	MSCT C	QUICK C	UNIX V	ANSI
1..2	*3..5*	*Oui*	*Non*	*Non*

strncat:

TURBO C	MSCT C	QUICK C	UNIX V	ANSI
1..2	*3..5*	*Oui*	*Oui*	*Oui*

strncmp:

TURBO C	MSCT C	QUICK C	UNIX V	ANSI
1..2	*3..5*	*Oui*	*Oui*	*Oui*

strncpy:

TURBO C	MSCT C	QUICK C	UNIX V	ANSI
1..2	*3..5*	*Oui*	*Oui*	*Oui*

strnicmp:

TURBO C	MSCT C	QUICK C	UNIX V	ANSI
1..2	*4..5*	*Oui*	*Non*	*Non*

strnset:

TURBO C	MSCT C	QUICK C	UNIX V	ANSI
1..2	*3..5*	*Oui*	*Non*	*Non*

strpbrk:

TURBO C	MSCT C	QUICK C	UNIX V	ANSI
1..2	*3..5*	*Oui*	*Oui*	*Oui*

strrchr:

TURBO C	MSCT C	QUICK C	UNIX V	ANSI
1..2	*3..5*	*Oui*	*Oui*	*Oui*

strrev:

TURBO C	MSCT C	QUICK C	UNIX V	ANSI
1..2	*3..5*	*Oui*	*Non*	*Non*

strset:

TURBO C	MSCT C	QUICK C	UNIX V	ANSI
1..2	*3..5*	*Oui*	*Oui*	*Oui*

strspn:

TURBO C	MSCT C	QUICK C	UNIX V	ANSI
1..2	*3..5*	*Oui*	*Oui*	*Oui*

strstr:

TURBO C	MSCT C	QUICK C	UNIX V	ANSI
1..2	*3..5*	*Oui*	*Non*	*Oui*

strtod:

TURBO C	MSCT C	QUICK C	UNIX V	ANSI
1..2	*4..5*	*Oui*	*Oui*	*Oui*

strtok:

TURBO C	MSCT C	QUICK C	UNIX V	ANSI
1..2	*3..5*	*Oui*	*Oui*	*Oui*

strtol:

TURBO C	MSCT C	QUICK C	UNIX V	ANSI
1..2	*4..5*	*Oui*	*Oui*	*Oui*

strtoul:

TURBO C	MSCT C	QUICK C	UNIX V	ANSI
1,5..2	*5*	*Oui*	*Non*	*Oui*

strupr:

TURBO C	MSCT C	QUICK C	UNIX V	ANSI
1..2	*3..5*	*Oui*	*Non*	*Non*

strerror

❑ But

Manipulation de chaîne.

❑ Syntaxe

char ***strerror**(int errnum);

⇨ **int errnum:** numéro d'erreur.

❑ Description

La fonction **strerror** retourne un pointeur sur une chaîne correspondant au numéro d'erreur.

❑ Fichier Include

```
#include <string.h>
```

❑ Exemple

```
message_erreur = strerror(errno);
```

❑ Remarques

La fonction **strerror** récupère le message système en utilisant ERRNO comme index dans la table SYS_ERRLIST. **strerror** n'imprime pas le message. L'impression de celui-ci est à la charge de l'utilisateur.

❑ Voir aussi les fonctions

PERROR, _STRERROR.

❑ Compatibilité

TURBO C	MSCT C	QUICK C	UNIX V	ANSI
1,5..2	*5*	*Oui*	*Non*	*Oui*

_strerror

❑ But
Manipulation de chaîne.

❑ Syntaxe
char *_**strerror**(const char *string);

⇨ **const char *string:** chaîne du message d'erreur.

❑ Description
La fonction **_strerror** permet de construire son propre message d'erreur associé au message d'erreur système. Ce message concerne la dernière erreur.

❑ Fichier Include
```
#include <string.h>
```

❑ Exemple
```
message_erreur= _strerror("Erreur dans
la fonction");
```

❑ Remarques
La fonction **_strerror** génère le message d'erreur en concaténant deux points à la chaîne «string» et en accolant le message d'erreur système.
La longueur de «string» est au maximun de 94 octets.

_strerror récupère le message système en utilisant ERRNO comme index dans la table SYS_ERRLIST.

❑ Voir aussi les fonctions
PERROR, STRERROR.

❑ Compatibilité

TURBO C	MSCT C	QUICK C	UNIX V	ANSI
1,5..2	*5*	*Oui*	*Non*	*Non*

swab

❑ But

Manipulation de zone mémoire.

❑ Syntaxe

void **swab**(char *source, char *dest, int n);

- ⇨ **char *source:** chaîne de caractères contenant l'original à permuter.
- ⇨ **char *dest:** chaîne de caractères recevant la chaîne «source» après la permutation.
- ⇨ **int n:** longueur en octets de la permutation à effectuer. La longueur doit être un nombre pair.

❑ Description

Permutation d'octets de la chaîne «source» dans la chaîne «dest». **swab** prend deux octets contigus et inverse leur position dans la chaîne de destination.

❑ Fichier Include

```
#include <stdlib.h>
```

❑ Exemple

```
swab("calligaro", résultat, 9);
```

❑ Remarque

La fonction **swab** permet, entre autres, le transfert de données entre deux machines utilisant un codage interne différent au niveau de la structure des octets.

Par exemple, pour lire une zone mémoire dans laquelle l'octet faible est défini avant l'octet fort.

❑ Compatibilité

TURBO C	MSCT C	QUICK C	UNIX V	ANSI
1..2	*3..5*	*Oui*	*Oui*	*Non*

system

❑ But

Gestion de processus.

❑ Syntaxe

int **system**(const char *command);

⇨ **const char *command:** Commande MS-DOS à exécuter.

❑ Description

La fonction **system** lance une commande MS-DOS depuis le programme.

❑ Fichier Include

```
#include <process.h>
       ou
#include <stdlib.h>
```

❑ Exemple

```
system("copy *.exe c:");
```

❑ Remarque

Le code retour de cette fonction est celui généré par COMMAND.COM: «0» si la commande s'est exécutée correctement, «-1» sinon.

❑ Voir aussi les fonctions

EXEC..., SPAWN...

❑ Compatibilité

TURBO C	MSCT C	QUICK C	UNIX V	ANSI
1..2	*3..5*	*Oui*	*Oui*	*Oui*

tan

❑ But
Calcul mathématique.

❑ Syntaxe
double **tan**(double x);

❑ Description
Calcule la tangente de la valeur spécifiée.

❑ Fichier Include
```
#include <math.h>
```

❑ Exemple
```
  y = tan(x);
```

❑ Remarques
L'angle dont il faut calculer la tangente est exprimé en radians.

❑ Voir aussi la fonction
ATAN.

❑ Compatibilité

TURBO C	MSCT C	QUICK C	UNIX V	ANSI
1..2	*3..5*	*Oui*	*Oui*	*Oui*

tanh

❑ But

Calcul mathématique.

❑ Syntaxe

double **tanh**(double x);

❑ Description

Calcule la tangente hyperbolique.

❑ Fichier Include

```
#include <math.h>
```

❑ Exemple

```
  a = tanh(b);
```

❑ Voir aussi les fonctions

COSH, SINH.

❑ Compatibilité

TURBO C	MSCT C	QUICK C	UNIX V	ANSI
1..2	*3..5*	*Oui*	*Oui*	*Oui*

tell

❑ But

Entrée-sortie.

❑ Syntaxe

long **tell**(int handle);

⇨ **int handle:** identificateur d'un fichier.

❑ Description

La fonction **tell** renvoie la position courante du pointeur de fichier par rapport au début de celui-ci. La position sera exprimée en nombre d'octets (déplacement ou offset) par rapport au début du fichier.

❑ Fichier Include

```
#include <io.h>
```

❑ Exemple

```
cour_posi = tell(file_handle);
```

❑ Remarque

tell retourne en cas d'erreur (si l'identificateur est invalide) «-1» et affecte la variable globale ERRNO par la constante EBADF.

❑ Voir aussi les fonctions

LSEEK, FTELL.

❑ Compatibilité

TURBO C	MSCT C	QUICK C	UNIX V	ANSI
1..2	*3..5*	*Oui*	*Non*	*Non*

textcolor

❑ But

Mode texte.

❑ Syntaxe

void **textcolor**(int color);

❑ Description

La fonction **textcolor** sélectionne la couleur des caractères pour le texte à afficher par les fonctions CPUTS et CPRINTF.

❑ Fichier Include

```
#include <conio.h>
```

❑ Exemple

```
textcolor(BLUE);
```

❑ Remarque

Les constantes ci-dessous représentent les couleurs qui sont définies dans le fichier «conio.h»:

Valeur	Couleur
0	Noir
1	Bleu
2	Vert
3	Cyan
4	Rouge
5	Magenta
6	Marron
7	Blanc
8	Gris foncé
9	Bleu clair
10	Vert clair
11	Cyan clair
12	Rouge clair
13	Magenta clair
14	Jaune
15	Blanc clair

❑ Compatibilité

TURBO C	MSCT C	QUICK C	UNIX V	ANSI
1,5..2	*5*	*Equ*	*Non*	*Non*

❑ Equivalent

_settextcolor

time

❑ But

Date-temps.

❑ Syntaxe

time_t **time**(time_t *timeptr);

⇨ **time_t *timeptr:** pointeur vers lequel sera retourné le résultat.

❑ Description

time retourne le nombre de secondes écoulées depuis le 1er janvier 1970 (GMT).

❑ Fichier Include

```
#include <time.h>
```

❑ Exemple

```
resultat = time(&secondes);
```

❑ Remarques

time stocke le nombre de secondes dans la variable de type «time_t».

❑ Voir aussi les fonctions

CTIME, GMTIME, LOCALTIME, TZSET.

❑ Compatibilité

TURBO C	MSCT C	QUICK C	UNIX V	ANSI
1..2	*3..5*	*Oui*	*Oui*	*Oui*

tmpfile

❑ But
Entrée-sortie.

❑ Syntaxe
FILE ***tmpfile**(void);

❑ Description
La fonction **tmpfile** ouvre un fichier binaire temporaire dans le répertoire courant.

❑ Fichier Include
```
#include <stdio.h>
```

❑ Exemple
```
pointer_file_tmp = tmpfile();
```

❑ Remarques
Le fichier binaire sera ouvert avec les modes «w+b», autorisant les opérations d'écriture et de lecture. Ce fichier sera détruit automatiquement lorsque le programme se termine normalement ou lors de la fermeture de celui ci. **tmpfile** retourne le pointeur sur la structure du fichier. En cas d'erreur, il envoie un pointeur ayant pour valeur NULL.

❑ Voir aussi la fonction
TMPNAM.

❑ Compatibilité

TURBO C	MSCT C	QUICK C	UNIX V	ANSI
1,5..2	*4..5*	*Oui*	*Oui*	*Oui*

tmpnam

❑ But

Entrée-sortie.

❑ Syntaxe

char ***tmpnam**(char *file_name);

⇨ **char *file_name**: pointeur vers lequel le nom sera stocké.

❑ Description

La fonction **tmpnam** crée un nom unique pour un fichier de travail temporaire et le sauvegarde dans «file_name».

❑ Fichier Include

```
#include <stdio.h>
```

❑ Exemple

```
tmpnam(nom_tmp);
```

❑ Remarque

Le buffer «file_name» devra être alloué par l'utilisateur.

❑ Voir aussi la fonction

TMPFILE.

❑ Compatibilité

TURBO C	MSCT C	QUICK C	UNIX V	ANSI
1,5..2	*4..5*	*Oui*	*Oui*	*Oui*

toascii

❑ But

Conversion de données.

❑ Syntaxe

int **toascii**(int c);

❑ Description

Conversion d'entier au format ASCII.

❑ Fichier Include

```
#include <ctype.h>
```

❑ Exemple

```
    if (letter > 127)
     letter = toascii(lettre);
```

❑ Remarque

Cette fonction est utilisée pour des problèmes de compatibilité avec d'autres systèmes.

❑ Voir aussi la fonction

ISASCII.

❑ Compatibilité

TURBO C	MSCT C	QUICK C	UNIX V	ANSI
1..2	*3..5*	*Oui*	*Oui*	*Oui*

tolower / _tolower

❑ But

Conversion de données.

❑ Syntaxe

int **tolower**(int c);
int **_tolower**(int c);

❑ Description

Conversion d'un caractère majuscule en caractère minuscule.

❑ Fichier Include

```
#include <ctype.h>
```

❑ Exemple

```
 minuscule = tolower('J');
  /* 'J' devient 'j' */
```

❑ Remarques

La différence entre **tolower** et **_tolower** est que la fonction **tolower** effectue un test avant la conversion.
_tolower sera utilisé uniquement si l'utilisateur ne est certain de la validité de son caractère.

❑ Voir aussi les fonctions

ISASCII, TOUPPER, _TOUPPER.

❑ Compatibilité

TURBO C	MSCT C	QUICK C	UNIX V	ANSI
1..2	*3..5*	*Oui*	*Oui*	*Equ*

❑ Equivalent

Seulement la fonction **tolower**.

toupper / _toupper

❑ **But**

Conversion de données.

❑ **Syntaxe**

int **toupper**(int c);
int **_toupper**(int c);

❑ **Description**

Conversion d'un caractère minuscule en caractère majuscule.

❑ **Fichier Include**

```
#include <ctype.h>
```

❑ **Exemple**

```
majuscule = toupper('j');
/* j devient 'J' */
```

❑ **Remarques**

La différence entre **toupper** et **_toupper** est que la fonction **toupper** effectue un test avant la conversion. **toupper** sera utilisé uniquement si l'utilisateur est certain de la validité de son caractère.

❑ Voir aussi les fonctions

ISASCII, TOLOWER, _TOLOWER.

❑ Compatibilité

TURBO C	MSCT C	QUICK C	UNIX V	ANSI
1..2	*3..5*	*Oui*	*Oui*	*Equ*

❑ Equivalent

Seulement la fonction toupper.

tzset

❑ But

Date-temps.

❑ Syntaxe

void **tzset**(void);

❑ Description

Affecte aux variables globales TIMEZONE, DAYLIGHT et TZNAME les valeurs de l'environnement TZ.

❑ Fichier Include

```
#include <time.h>
```

❑ Exemple

```
tzset();
```

❑ Remarque

Cette fonction a été définie pour la compatibilité entre le compilateur TURBO.C, UNIX et les autres compilateurs C.

❑ Voir aussi les fonctions

LOCALTIME, TIME.

❑ Compatibilité

TURBO C	MSCT C	QUICK C	UNIX V	ANSI
1..2	*3..5*	*Oui*	*Oui*	*Non*

ultoa

❑ But

Conversion de données.

❑ Syntaxe

char ***ultoa**(unsigned long value, char *string,
int base);

⇨ **unsigned long value:** valeur à convertir.
⇨ **char *string:** résultat.
⇨ **int base:** base dans laquelle sera exprimée la chaîne.

❑ Description

Conversion d'un entier de type long non signé en une chaîne de caractères.

❑ Fichier Include

```
#include <stdlib.h>
```

❑ Exemple

```
résultat = ultoa(19651208L, str, 10);
```

❑ Remarques

La fonction **ultoa** ne retourne pas de code d'erreur.
La base est comprise entre [2] et [16]:

[2] : binaire;
[8] : octale;
[10] : décimale;
[16] : hexadécimale.

❑ Voir aussi les fonctions

ECVT, FCVT, GCVT, ITOA, LTOA.

❑ Compatibilité

TURBO C	MSCT C	QUICK C	UNIX V	ANSI
1..2	*3..5*	*Oui*	*Non*	*Non*

umask

❑ But

Manipulation de fichier.

❑ Syntaxe

unsigned **umask**(unsigned pmode);

⇨ **unsigned pmode:** indicateur d'autorisation d'accès.

❑ Description

umask masque l'autorisation d'accès des nouveaux fichiers qui seront créés dans le processus par les fonctions CREAT, OPEN et SOPEN.

❑ Fichier Include

```
#include <io.h>
```

❑ Exemple

```
old_mask = umask(S_IWRITE);
/* Tous les nouveaux fichiers */
/* seront en lecture seulement*/
```

❑ Remarques

L'argument «pmode» ne peut être que l'une des constantes ci-après:

«pmode»	Signification
S_IWRITE	Ecriture non autorisée.
S_READ	Lecture non autorisée. Impossible avec le système MS-DOS.
S_IREAD | S_IWRITE	Ecriture et lecture non autorisées.

MS-DOS autorisant toujours l'accès de ses fichiers, au moins en écriture, la seule constante possible de l'argument «pmode» dans ce système d'exploitation est S_IWRITE.

umask retourne l'ancienne valeur du masque d'accès.

❑ Voir aussi les fonctions

CREAT, OPEN, SOPEN.

❑ Compatibilité

TURBO C	MSCT C	QUICK C	UNIX V	ANSI
1..2	*3..5*	*Oui*	*Oui*	*Non*

ungetc

❑ But

Entrée-sortie.

❑ Syntaxe

int **ungetc**(int c, FILE*file_pointer);

⇨ **int c:** caractère à écrire dans le flux.
⇨ **FILE*file_pointer:** pointeur sur le flux associé au fichier.

❑ Description

La fonction **ungetc** place un caractère (excepté le caractère de fin de fichier EOF) dans le flux d'entrée d'un fichier.

❑ Fichier Include

```
#include <.h>
```

❑ Exemple

```
lettre = fgetc(file_pointer);
if (isalpha(lettre))
 putchar(lettre);
else
 ungetc(lettre, file_pointer);
```

❑ Remarques

Cette fonction est souvent utilisée pour rejeter un caractère invalide qui vient d'être lu.

umask retourne en cas de succès le caractère, sinon renvoie l'indicateur de fin de fichier EOF.

❑ Voir aussi les fonctions

GETC, GETCHAR, FPUTC, FPUTCHAR,
PUTC, PUTCHAR.

❑ Compatibilité

TURBO C	MSCT C	QUICK C	UNIX V	ANSI
1..2	*3..5*	*Oui*	*Oui*	*Oui*

ungetch

❑ But

Entrée-sortie.

❑ Syntaxe

int **ungetch**(int c);

⇨ **int c:** caractère à placer dans le buffer du clavier.

❑ Description

La fonction **ungetch** place un caractère dans le buffer du clavier. Le prochain caractère qui sera lu à partir du clavier sera donc celui qui vient d'être placé par **ungetch.**

❑ Fichier Include

```
#include <conio.h>
```

❑ Exemple

```
ungetch("G");
```

❑ Remarques

ungetch ne permet le placement que d'un seul caractère dans le buffer du clavier.

ungetch retourne en cas d'erreur l'indicateur de fin de fichier EOF, sinon renvoie le caractère à placer.

❑ Voir aussi les fonctions

GETCH, GETCHE.

❑ Compatibilité

TURBO C	MSCT C	QUICK C	UNIX V	ANSI
1..2	*3..5*	*Oui*	*Non*	*Non*

unlink

❑ But

Manipulation de fichier.

❑ Syntaxe

int **unlink**(const char *path);

⇨ **const char *path:** chemin d'accès du fichier à détruire.

❑ Description

La fonction **unlink** détruit un fichier précisé par son chemin d'accès.

❑ Fichier Include

```
#include <io.h>
        ou
#include <stdio.h>
```

❑ Exemple

```
unlink(leamy.dat);
```

❑ Remarques

Cette fonction est surtout utilisée sous UNIX car un fichier peut être lié à plusieurs répertoires.

Les caractères jokers ne sont pas autorisés dans l'argument «path».

En cas d'erreur, **unlink** retourne «-1» et affecte la variable globale ERRNO par:

ENOENT: chemin d'accès ou fichier non trouvé.
EACCES: accès refusé; le fichier est en mode «read only» ou bien il s'agit d'un répertoire.

❑ Voir aussi les fonctions

CHMOD, _CHMOD, REMOVE.

❑ Compatibilité

TURBO C	MSCT C	QUICK C	UNIX V	ANSI
1..2	*3..5*	*Oui*	*Oui*	*Non*

vfprintf

❑ But

Entrée-sortie.

❑ Syntaxe

int **vfprintf**(FILE *file_pointer,
const char *format_string, va_list arg_pointer);

- ⇨ **FILE *file_pointer:** pointeur sur le flux.
- ⇨ **const char *format_string:** chaîne décrivant le format à utiliser pour l'impression.
- ⇨ **va_list arg_pointer:** pointeur sur une liste contenant un nombre variable d'arguments.

❑ Description

La fonction **vfprintf** est identique à la fonction FPRINTF, sauf que **vfprintf** utilise un pointeur sur une liste de variables à imprimer «va_list», tandis que FPRINTF utilise directement les arguments.

❑ Fichier Include

```
#include <stdio.h>
        ou
#include <stdarg.h>
```

❑ Exemple

```
vfprintf(stderr,print_format,all_arg);
```

❑ Remarque

Pour plus de détails au sujet de l'argument «format_string», se reporter à la fonction CPRINTF.

❑ Voir aussi les fonctions

PRINTF, VFPRINTF, VPRINTF.
SPRINTF, VSPRINTF.
VA_ARG, VA_END, VA_START.

❑ Compatibilité

TURBO C	MSCT C	QUICK C	UNIX V	ANSI
1..2	*4..5*	*Oui*	*Oui*	*Oui*

vprintf

❑ But

Entrée-sortie.

❑ Syntaxe

int **vprintf**(const char *format_string,
va_list arg_pointer);

⇨ **const char *format_string:** chaîne décrivant le format à utiliser.

⇨ **va_list arg_pointer:** pointeur sur une liste contenant un nombre variable d'arguments.

❑ Description

La fonction **vprintf** est identique à la fonction PRINTF, sauf que **vprintf** utilise un pointeur sur une liste de variables à imprimer «va_list», alors que PRINTF utilise directement les arguments.

❑ Fichier Include

```
#include <stdio.h>
        ou
#include <stdarg.h>
```

❑ Exemple

```
vprintf(print_format,all_arg);
```

❑ Remarques

Pour plus de détails au sujet de l'argument «format_string», se reporter à la fonction CPRINTF.

vprintf retourne le nombre de caractères imprimés.

❑ Voir aussi les fonctions

PRINTF, VFPRINTF, VPRINTF,
SPRINTF, VSPRINTF,
VA_ARG, VA_END, VA_START.

❑ Compatibilité

TURBO C	MSCT C	QUICK C	UNIX V	ANSI
1..2	*4..5*	*Oui*	*Oui*	*Oui*

vsprintf

❑ But

Entrée-sortie.

❑ Syntaxe

int **vsprintf**(const char *p_string,
const char *format_string,
va_list arg_pointer);

⇨ **const char *p_string:** chaîne dans laquelle seront envoyées les données formatées.

⇨ **const char *format_string:** chaîne décrivant le format à utiliser.

⇨ **va_list arg_pointer:** pointeur sur une liste contenant un nombre variable d'arguments.

❑ Description

La fonction **vsprintf** est identique à la fonction SPRINTF, excepté que **vsprintf** utilise un pointeur sur une liste de variables à imprimer «va_list», alors que SPRINTF utilise directement les arguments.

❑ Fichier Include

```
#include <stdio.h>
        ou
#include <stdarg.h>
```

❑ Exemple

```
vsprintf(zone, p_format,list_arg);
```

❑ Remarques

Pour plus de détails au sujet de l'argument «format_string», se reporter à la fonction CPRINTF.

vsprintf retourne le nombre de caractères imprimés.

❑ Voir aussi les fonctions

PRINTF, VFPRINTF, VPRINTF,
SPRINTF, VSPRINTF,
VA_ARG, VA_END, VA_START.

❑ Compatibilité

TURBO C	MSCT C	QUICK C	UNIX V	ANSI
1..2	*3..5*	*Oui*	*Oui*	*Non*

wherex

❑ But
Mode texte.

❑ Syntaxe
int **wherex**(void);

❑ Description
Retourne la position (l'abscisse) du curseur de la fenêtre active.

❑ Fichier Include
```
#include <conio.h>
```

❑ Exemple
```
colonne_courante = wherex();
```

❑ Remarques
La valeur retournée par la fonction **wherex** correspond au numéro de la colonne en considérant que l'origine (le coin supérieur gauche) vaut (1,1).

❑ Voir aussi les fonctions
WHEREY, WINDOW.

❑ Compatibilité

TURBO C	MSCT C	QUICK C	UNIX V	ANSI
1,5..2	*5*	*Equ*	*Non*	*Non*

❑ Equivalent
_gettextposition

wherey

❑ But

Mode texte.

❑ Syntaxe

int **wherey**(void);

❑ Description

Retourne la position (l'ordonnée) du curseur de la fenêtre active.

❑ Fichier Include

```
#include <conio.h>
```

❑ Exemple

```
ligne_courante wherey();
```

❑ Remarques

La valeur retournée par la fonction **wherey** correspond au numéro de la ligne en considérant que l'origine (le coin supérieur gauche) vaut (1,1).

❑ Voir aussi les fonctions

WHEREX, WINDOW.

❑ Compatibilité

TURBO C	MSCT C	QUICK C	UNIX V	ANSI
1,5..2	*5*	*Equ*	*Non*	*Non*

❑ Equivalent

_gettextposition

window

❑ But

Mode texte.

❑ Syntaxe

void **window**(int left, int top,
    int right, int bottom);

⇨ **int left, top:** coin supérieur gauche.
⇨ **int right, bottom:** coin inférieur droit.

❑ Description

Définit une région rectangulaire de l'écran comme étant l'écran texte actif.

❑ Fichier Include

```
#include <conio.h>
```

❑ Exemple

```
window(20,10,40,20);
```

❑ Remarques

La fonction **window** n'aura aucune action si les arguments sont invalides.
Les coordonnées en abscisses doivent être, en fonction du mode choisi (80 ou 40 colonnes), respectivement 80 ou 40. Les coordonnées en abscisses doivent être comprises entre 1 et 25 quel que soit le mode texte.

❑ Compatibilité

TURBO C	MSCT C	QUICK C	UNIX V	ANSI
1,5..2	*5*	*Equ*	*Non*	*Non*

❑ Equivalent

_settextwindow

write

❑ But

Entrée-sortie.

❑ Syntaxe

int **write**(int handle, char *buffer,
unsigned count);

⇨ **int handle:** identificateur du fichier.
⇨ **char *buffer:** pointeur sur la zone mémoire où les données à écrire sont stockées.
⇨ **unsigned count:** nombre d'octets à écrire.

❑ Description

La fonction **write** écrit des données non formatées dans un fichier à partir de la position courante du pointeur du fichier.

❑ Fichier Include

```
#include <io.h>
```

❑ Exemple

```
write(ident, data_zone, 28000);
```

❑ Remarques

Le pointeur du fichier est incrémenté après l'écriture de toutes les données. Si le fichier est ouvert avec l'option «append», **write** transfèrera les données à la fin du fichier.

Si le fichier est en mode texte, chaque enregistrement sera séparé par un CR-LF et **write** interprétera un CONTROL-Z comme une fin de fichier.

write retourne le nombre d'octets écrits et, en cas d'erreur, renvoie «-1» et affecte ERRNO soit par EBADF(identificateur invalide), soit par EACCES (accès refusé).

❑ Voir aussi les fonctions

CREAT, OPEN, SOPEN, READ, DUP.

❑ Compatibilité

TURBO C	MSCT C	QUICK C	UNIX V	ANSI
1..2	*3..5*	*Oui*	*Oui*	*Non*

_write

❑ But

Entrée-sortie.

❑ Syntaxe

int **_write**(int handle, void *buffer, int count);

- ⇨ **int handle:** identificateur du fichier.
- ⇨ **void *buffer:** pointeur sur la zone mémoire où les données à écrire sont stockées.
- ⇨ **int count:** nombre d'octets à écrire.

❑ Description

La fonction **_write** écrit des données non formatées dans un fichier à partir de la position courante du pointeur du fichier. La différence entre **write** et **_write** est que cette dernière utilise l'interruption MS-DOS INT 40H.

❑ Fichier Include

```
#include <io.h>
```

❑ Exemple

```
nombre_octets=_write(indent,buffer,32);
```

❑ Remarques

L'utilisation des fonctions telles que **write** ou **read** offre une meilleure portabilité puisque **_write** est dépendant du système MS-DOS.

write retourne le nombre d'octets écrits, et en cas d'erreur, renvoie «-1» et affecte ERRNO soit par EBADF (identificateur invalide), soit par EACCES (accès refusé).

❑ Voir aussi les fonctions

_READ, WRITE, _OPEN, _CLOSE, _CREAT.

❑ Compatibilité

TURBO C	MSCT C	QUICK C	UNIX V	ANSI
1..2	*3..5*	*Oui*	*Oui*	*Non*

Annexes

Annexe 1: classification des fonctions C par tâches

FONCTIONS DE CLASSIFICATION

isalnum
isalpha
isascii
iscntrl
isdigit
isgraph
islower
isprint
ispunct
isspace
isupper
isxdigit

FONCTIONS DE CONVERSION DE DONNEES

atof
atoi
atol
ecvt
fvct
gcvt
itoa
ltoa
toascii
tolower
_tolower
toupper
_toupper
ultoa

FONCTIONS DE MANIPULATION DE ZONE MEMOIRE

memccpy
memchr
memcmp
memcpy
memicmp
memmove
memset
movedata
swab

FONCTIONS DE GESTION DE PROCESSUS

abort
assert
atexit
execl
execle
execlp
execlpe
execv
execve
execvp
execvpe
exit
_exit
getenv
longjmp
perror
putenv
raise
setjmp
spawnl
spawnle
spawnlp
spawnlpe
spawnv
spawnve
spawnvp
spawnvpe
system

FONCTIONS DE MANIPULATION DE FICHIERS

access
chdir
chmod
_chmod
chsize
filelength
fnmerge
fnsplit
fstat
getcwd
isatty
lock
mkdir
mktmp
remove
rename
rmdir
setmode
stat
umask
unlink

FONCTIONS DE CALCUL MATHEMATIQUE

abs
acos
asin
atan
atan2
cabs
ceil
_clear87
_control87
cos
cosh
div
exp
fabs
floor
fmod
_fpreset
freopen
frexp
hypot
labs
ldexp
ldiv
log
log10
lrotl
_lrotr
max
min
modf
pow
rand
_rotl
_rotr
sin
sinh
sqrt
srand
status87
tan
tanh

FONCTIONS D'ALLOCATION DE MEMOIRE

calloc
free
malloc
realloc
sbrk

FONCTIONS D'APPEL SYSTEME

allocmem
bdos
bioscom
biosdisk
biosequip
bioskey
biosmemory
biosprint
biostime
_creat
disable
dosexterr
enable
findfirst
findnext
FP_OFF
FP_SEG
freemem
getdfree
getdisk
getftime
gettime
getvect
harderr
hardresume
hardrtn
int86
int86x
intdos
intdosx
keep
matherr
_matherr
segread
setblock
setdisk
setvect

FONCTIONS DE DATE - HEURE

asctime
clock
ctime
difftime
ftime
getdate
gmtime
locatime
setdate
settime
time
tzset

FONCTIONS DE DESSIN

arc
cleardevice
clearviewport
ellipse
filellipse
floodfill
getimage
getpixel
imagesize
lineto
moveto
pieslice
putimage
putpixel
rectangle
sector

FONCTIONS D'ENTREE-SORTIE

cgets
clearerr
close
_close
cprintf
cputs
creat
cscanf
dup
dup2
eof
fclose
fcloseall
fdopen
feof
ferror
fflush
fgetc
fgetchar
fgetpos
fgets
fileno
flushall
fopen
fprintf
fputc
fputchar
fputs
fread
fscanf
fseek
fsetpos
ftell
fwrite
get
getch

getchar
getche
gets
getw
inport
inportb
kbhit
lseek
open
outport
outportb
printf
put
putch
putchar
puts
putw
read
rewind
scanf
setbuf
setftime
setvbuf
sopen
sprintf
sscanf
tell
tmpfile
tmpnam
ungetc
ungetch
vfprintf
vprintf
vsprintf
write
_open
_read
_write

FONCTIONS DE TRI ET RECHERCHE

bsearch
lfind
lsearch
qsort

FONCTIONS MODE GRAPHIQUE

detectgraph
getbkcolor
getcolor
getfillpattern
getlinesttings
getx
gety
setactivepage

setallpalette
setbkcolor
setcolor
setfillpattern
setgraphmode
setlinestyle
setpalette
setviewport
setvisualpage

FONCTIONS DE MANIPULATION DE CHAINE

strcat
strchr
strcmp
strcmpi
strcpy
strcspn
strdup
strerror
stricmp
strlen
strlwr
strncat
strncmp
strncpy
strnicmp
strnset
strpbrk
strrchr
strrev
strset
strspn
strstr
strtod
strtok
strtol
strtoul
strupr
_strerror

FONCTIONS MODE TEXTE

clrscr
gotoxy
outtext
textcolor
wherex
wherey
window

Annexe 2: les mots clés du langage C

asm *	*huge* *
auto	if
break	int
case	long
cdecl *	*near* *
char	*pascal* *
const *	return
continue	short
default	sizeof
do	*signed* *
double	static
else	struct
entry *	switch
enum *	typedef
extern	union
far *	unsigned
float	*void* *
for	*volatile* *
fortran	while
goto	

* Mots clés définis seulement sur certains compilateurs.

Annexe 3: les instructions

if, else, else if

❑ ***if*** *(expression) instruction*

Si *expression* est:

⇨ vrai: *instruction* est exécuté;
⇨ faux: *instruction* est ignoré.

❑ ***if*** *(expression) instruction1*
else *instruction2*

Si *expression* est:

⇨ vrai: *instruction1* est exécuté,
instruction2 n'est pas exécuté.
⇨ faux: *instruction2* est exécuté.

❑ ***if*** *(expression) instruction 1*
else if *(expression2) instruction2*
else if *(expression3) instruction3*
....
else if (expressionN) *instructionN*
else *instructionN+1*

Une et une seule des N instructions sera exécutée. L'instruction qui est exécutée correspond à la première expression vraie.

Dans le cas ou il n'y a aucune expression vraie et si l'instruction **else** est présente, c'est *instructionN+1* qui est exécutée. L'instruction **else** est facultative.

do, while, for

❏ ***while** (expression)*
instruction

Si *expression* est:

⇨ vrai: *instruction* est exécuté tant que *expression* est vraie;

⇨ faux: *instruction* est ignoré.
On passe à l'instruction suivant la boucle **while**

expression est évalué avant le passage dans la boucle. Si *expression* est faux, *instruction* n'est jamais exécuté.

❏ ***do***
instruction
***while** (expression);*

Si *expression* est:

⇨ vrai: *instruction* est exécuté à nouveau;

⇨ faux: on passe à l'instruction suivante.

expression est testé après qu'*instruction* a été exécuté. Quelle que soit la valeur d'*expression*, *instruction* sera toujours exécuté au moins une fois.

❑ ***for*** *(expression1 ;expression2; expression3)*
instruction

expression1: initialise la boucle.
expression2: test avant chaque itération.

Si *expression2* est:

⇨ vrai: on exécute *expression3*.
Itération jusqu'a ce qu'*expression2* soit faux;
⇨ faux: on sort de la boucle.

expression3: est évalué après chaque itération.

struct, typedef

❑ ***struct*** *nom structure {*
champ 1;
champ 2;
..........;
champ N;
};

struct définit un type "structure". Les champs correspondent à la déclarations des champs composant la structure. Exemple: char *chaîne.

❑ ***typedef*** *type1 type2*

typedef redéfinit un nouveau type. type 2 (nouveau type) est équivalent à type1 (ancien type). Cette instruction est surtout destinée à la portabilité d'un programme, car un type de donnée peut changer d'une machine à l'autre.

case, switch, (default)

❑ ***switch*** *(expression) {*

```
                case constante1:
                        instruction 11;
                        instruction 12;
                        ............;
                        instruction 1N
                        break;
                case constante2:
                        instruction 21;
                        instruction 22;
                        ............;
                        instruction 2N
                        break;
                ..........
                ..........
                case constanteN:
                        instruction N1;
                        instruction N2;
                        ............;
                        instruction NN
                        break;
                }
              default:
                    instruction
```

⇨ *expression* est évalué et permet de faire le branchement sur l'une des constantes de **case** correspondant à la valeur d'*expression*.

⇨ Les constantes doivent être, soit des entiers, soit des constantes de type entiers, soit des constantes de type caractères, soit une expression constante, mais jamais une variable.

Les constantes à l'intérieur d'un **switch** doivent être toutes de valeurs distinctes.

⇨ Les instructions **break** sont facultatives.

⇨ L'étiquette **default** est facultative et l'instruction correspondante à celle-ci est exécutée lorsqu'aucun branchement n'a été effectué.

break, continue, goto, return

❑ ***break;***

Exécute une sortie d'un bloc d'instructions dépendant de l'une des instructions suivantes: **do**, **for**, **switch** ou **while**.

❑ ***continue;***

Instruction contraire de l'instruction **break**.

❑ ***goto*** *label;*
label : instruction

L'instruction **goto** permet de se brancher inconditionnellement à *instruction.* A éviter.

❑ ***return;***

Exécute une sortie d'une fonction en rendant le contrôle à la fonction appelante.

#include, #define, #undef

❑ *# **include** "nom-fichier"*
ou
*# **include** <stdio.h>*

Le préprocesseur inclut un fichier source dans le fichier-source du programme à partir de la ligne où se trouve l'instruction **# include.**

❑ *# **define** ident chaîne*

Permet de remplacer tous les identificateurs de valeur *ident* par la chaîne de remplacement *chaîne.* **#define** n'intervient pas dans le cas de chaînes entre guillemets, mais s'adresse aux constantes, variables, etc.

❑ *# **undef***

Action inverse de **#define.**

Annexe 4: les principales interruptions logicielles de MS-DOS et du BIOS

❐ LES PRINCIPALES INTERRUPTIONS LOGICIELLES DE MS-DOS

INT 10H	Interruption vidéo. Relative au BIOS.
INT 11H	Test de la configuration matérielle (Equipment Check). Relative au BIOS.
INT 12H	Obtention du nombre de blocs mémoire contigus de 1 Ko sur la carte mère.Relative au BIOS.
INT 13H	Accède au disque.Relative au BIOS.
INT 14H	Gestion du port série RS-232.
INT 15H	Gestion de la cassette. Relative au BIOS.
INT 16H	Gestion du clavier. Relative au BIOS.
INT 17H	Gestion du port parallèle de l'imprimante. Relative au BIOS.
INT 18H	Gestion de la ROM BASIC. Relative au BIOS.
INT 19H	Simulation du Reset du système d'exploitation (Boot). Relative au BIOS.
INT 1AH	Gestion de l'horloge (Time Of Day).Relative au BIOS.
INT 1BH	Gestion du CNTRL-BREAK. Relative au BIOS.
INT 1CH	Interruption générée par l'horloge interne (Timer). Relative au BIOS.
INT 1DH	Initialisation des paramètres vidéo.Relative au BIOS.
INT 1EH	Initialisation des paramètres disque et disquette. Relative au BIOS.
INT 1FH	Accès aux caractères étendus de la carte graphique. Relative au BIOS.
INT 20H	Fin du programme. Retour au système.
INT 21H	Appel MS-DOS. (DOS CALL).

INT 22H	Point de terminaison d'un programme.
INT 23H	Point d'arrêt. (CNTRL-BREAK).
INT 24H	Point d'arrêt en cas d'erreur. (CRITICAL ERROR).
INT 25H	Lecture directe (adresse absolue) sur disque sans passer par les routines DOS.
INT 26H	Ecriture directe (adresse absolue) sur disque sans passer par les routines DOS.
INT 27H	Mise en mode résident de programme après son exécution.
INT 28H	Réservée par les routines internes du DOS.

❐ LES SOUS-FONCTIONS DE L'INTERRUPTION «INT 10H» (BIOS)

Registre AH

00H	Initialise l'écran dans le mode vidéo choisi.
01H	Sélectionne le format et l'aspect du curseur.
02H	Positionne le curseur sur la ligne et la colonne.
03H	Obtention de la position courante du curseur.
04H	Obtention de la position courante du crayon optique.
05H	Sélection de la page active.
06H	Défilement de l'écran vers le haut. (Scrolling).
07H	Défilement de l'écran vers le bas. (Scrolling).
08H	Lecture du caractère courant et de ses attributs de visualisation à la position courante du curseur.
09H	Ecriture du caractère courant et de ses attributs de visualisation à la position courante du curseur.
0AH	Ecriture du caractère sans ses attributs.
0BH	En mode graphique, sélection de la palette de couleur.
0CH	Ecriture d'un point graphique en mode 200x320.
0DH	Ecriture d'un point graphique en mode 200x320.
0EH	Ecriture en format télétype.
0FH	Obtention du mode vidéo courant.

❐ LES SOUS-FONCTIONS DE L'INTERRUPTION «INT 11H» (BIOS)

BIT (AX)

0 0 = Pas de lecteur de disque;
1 = Un ou plusieurs lecteurs de disque.

1 0 = Pas de coprocesseur arithmétique 8087;
1 = Un coprocesseur arithmétique 8087.

2-3 Taille mémoire:
00 = 16 Ko;
01 = 32 Ko;
10 = 48 Ko;
11 = 64 Ko.

4-5 Carte vidéo
00 = inutilisé;
01 = 40 x 25 monochrome;
10 = 80 x 25 monochrome et carte couleur;
11 = 80 x 25 monochrome et carte monochrome.

6-7 Nombre de lecteurs de disques:
00 = 1;
01 = 2;
10 = 3;
11 = 4.

8 Inutilisé.

9-11 Nombre de cartes séries RS-232.

12 0 = pas de joystick (manette de jeux);
1 = un joystick.

13 Inutilisé.

14-15 Nombre d'imprimantes connectées.

❐ LES SOUS-FONCTIONS DE L'INTERRUPTION «INT 1EH» (BIOS)

L'interruption BIOS INT 1EH est composée de 11 octets significatifs :

Octet

0-1 Mode du contrôleur de disque.
octet 0 Temps de déplacement de la tête de lecture-écriture d'une piste à l'autre.
octet 1 Temps de positionnement de la tête (Head Load Time), mode DMA.

2 Temps d'attente avant l'arrêt du moteur du disque, exprimé en nombre d'impulsions d'horloge.

3 Nombre d'octets par secteur:
0 128 octets;
1 256 octets;
2 512 octets;
3 1024 octets.

4 Nombre de secteurs par piste.

5 Longueur du GAP en octets (longueur entre deux secteurs 2AH).

6 Longueur des données:
80H 128 octets;
FFH Toute autre longueur.

7 Longueur du GAP en formatage (50H).

8 Caractère d'initialisation utilisé par défaut pendant le formatage du disque (F6).

9 Temps de chargement de la tête de lecture écriture exprimé en millisecondes.

10 Temps de stabilisation de la vitesse du moteur du disque, exprimé en quarts de seconde. (Motor Start Time).

❐ LES FONCTIONS DE L'INTERRUPTION «INT 21H» (DOS CALL)

FONCT

00H	Fin du programme.
01H	Entrée au clavier.
02H	Affichage à l'écran.
03H	Lecture du port série.
04H	Ecriture sur le port série.
05H	Ecriture sur le port imprimante.
06H	Lecture et écriture (clavier / écran).
07H	Lecture directe sur clavier sans écho.
08H	Entrée au clavier sans écho.
09H	Envoi d'une chaîne à l'écran.
0AH	Lecture d'une chaîne au clavier.
0BH	Test d'entrée du clavier.
0CH	Vide le buffer d'entrée et lit un caractère.
0DH	Restauration de l'environnement des fichiers.
0EH	Modification du drive en cours.
0FH	Ouverture d'un fichier sur disque.
10H	Fermeture d'un fichier sur disque.
11H	Recherche d'un fichier sur disque.
12H	Recherche du fichier suivant sur disque.
13H	Suppression d'un fichier sur disque.
14H	Lecture séquentielle.
15H	Ecriture séquentielle.
16H	Création d'un fichier sur disque.
17H	Changement du nom d'un fichier sur disque.
18H	Réservée. Fonction interne du DOS.
19H	Obtention du drive en cours.
1AH	Affectation de la DTA (Disk Transfer Address).
1BH	Information sur la FAT et sur l'unité de disque (File Allocation Table).
1CH	Information spécifique sur la FAT (File Allocation Table).
1DH à 20H	Réservées. Interruptions internes du DOS.

21H	Lecture directe.
22H	Ecriture directe.
23H	Taille d'un fichier sur disque.
24H	Calcul de l'adresse directe sur disque.
25H	Initialisation du vecteur d'interruption.
26H	Création d'un nouveau PSP (Program Segment Prefix).
27H	Lecture directe par blocs.
28H	Ecriture directe par blocs.
29H	Analyse du nom de fichier dans une ligne de commande DOS.
2AH	Obtention de la date.
2BH	Initialisation de la date.
2CH	Obtention de l'heure.
2DH	Initialisation de l'heure.
2EH	Modification du statut de vérification d'écriture.
2FH	Obtention de la DTA.
30H	Obtention de la version du DOS.
31H	Retour en laissant le programme résident.
32H	Fonction interne du DOS.
33H	Contrôle et modification de l'action de CNTRL-BREAK et ALT-CNTRL.
34H	Fonction interne du DOS.
35H	Lecture d'un vecteur d'interruption.
36H	Obtention de la place libre restante sur disque.
37H	Fonction interne du DOS.
38H	Informations dépendant du pays.
39H	Création d'un répertoire sur disque.
3AH	Suppression d'un répertoire sur disque.
3BH	Modification du répertoire en cours.
3CH	Création d'un fichier sur disque.
3DH	Ouverture d'un fichier.
3EH	Fermeture d'un fichier.
3FH	Lecture d'un enregistrement dans un fichier.
40H	Ecriture d'un enregistrement dans un fichier
41H	Effacement d'un fichier dans un Directory.

42H Déplacement du pointeur d'écriture ou de lecture dans un fichier.

43H Changement du mode d'un fichier dans un répertoire.

44H Contrôles des DEVICE DRIVERS.

45H Duplication d'un pointeur de manipulation d'un fichier.

46H Duplication d'un pointeur de manipulation d'un fichier source dans un pointeur cible.

47H Obtention du répertoire en cours.

48H Allocation d'un bloc en mémoire.

49H Libération d'un bloc mémoire.

4AH Modification d'une allocation mémoire.

4BH Chargement et exécution d'un programme ou d'un overlay.

4CH Retour au programme appelant avec code retour.

4DH Récupération du code retour d'une tâche.

4EH Recherche du premier fichier correspondant au nom incomplet.

4FH Recherche du fichier suivant correspondant au nom incomplet.

50H à 53H Réservées. Fonctions internes du DOS.

54H Obtention du statut de vérificationd'écriture.

55H Réservée. Fonction interne du DOS.

56H Renommer un fichier.

57H Manipulation de la date et de l'heure d'un fichier.

5AH Création d'un fichier temporaire.

5BH Création d'un nouveau fichier sur disque.

5CH Blocage ou déblocage de l'accès d'un fichier.

62H Obtention de l'adresse du PSP.

63H à 7FH Réservées.

Annexe 5: les opérateurs

PRIORITES ET ASSOCIATIVITE DES OPERATEURS

Les opérateurs sont classés par ordre décroissant de priorité. Les opérateurs d'un même groupe dans le tableau ci-dessous ont une priorité identique.

Opérateur		Associativité
()	Appel de fonction.	**Gauche-Droite**
[ ]	Indice de tableau.	
.	Champ de structure.	
->	Champ de structure.	
!	Non logique.	***Droite-Gauche***
~	Complément à un.	
-	Opposé.	
*	Adressage indirect.	
&	Adresse.	
++	Incrémentation.	
--	Décrémentation.	
sizeof	Taille en octets.	
(type)	Conversion de type.	
*	Multiplication.	**Gauche-Droite**
/	Division.	
%	Reste.	
+	Addition.	**Gauche-Droite**
-	Soustraction.	

<table>
<tr><td><<
 >></td><td>Décalage à gauche.
Décalage à droite.</td><td>Gauche-Droite</td></tr>
<tr><td><
 <=
 >
 >=</td><td>Strictement inférieur.
Inférieur ou égal.
Strictement supérieur.
Supérieur ou égal.</td><td>Gauche-Droite</td></tr>
<tr><td>==
!=</td><td>Egal.
Différent.</td><td>Gauche-Droite</td></tr>
<tr><td>&</td><td>"Et" sur les bits.</td><td>Gauche-Droite</td></tr>
<tr><td>^</td><td>"Ou exclusif" sur les bits.</td><td>Gauche-Droite</td></tr>
<tr><td>|</td><td>"Ou" sur les bits.</td><td>Gauche-Droite</td></tr>
<tr><td>&&</td><td>"Et logique".</td><td>Gauche-Droite</td></tr>
<tr><td>||</td><td>"Ou logique".</td><td>Gauche-Droite</td></tr>
<tr><td>?:</td><td>Expression conditionnelle.</td><td>Droite-Gauche</td></tr>
<tr><td>= *=
/= %=
+= -=
<<= >>=
&= ^=</td><td>Affectation.</td><td>Droite-Gauche</td></tr>
<tr><td>,</td><td>Evaluation séquentielle</td><td>Gauche-Droite</td></tr>
</table>

OPERATEURS D'AFFECTATION

var1 ***OP*** *var2*

var1, var2 : *Variable.*
OP : *Opérateur.*

= Affectation de la valeur de **var2** dans **var1**.

+= Additionne **var2** à **var1**.

-= Soustrait **var2** de **var1**.

*= Multiplie **var1** par **var2**.

/= Divise **var1** par **var2**.

%= **var1** devient: **var1** modulo **var2**.

|= "Ou inclusif" logique entre chaque bit de **var1** et de **var2**.

^= "Ou exclusif" logique entre chaque bit de **var1** et de **var2**.

&= "Et" logique entre chaque bit de **var1** et de **var2**.

>>= Décalage vers la droite des **var2** bits de **var1**.

<<= Décalage vers la gauche des **var2** bits de **var1**.

Lorsqu'il y a un opérateur d'affectation (=), les expressions sont évalués de droite à gauche suivant les régles dite "associatives".

OPERATEURS BOOLEENS

*exprl **OP** expr2* — *exprl, expr2: Expression.*
OP *: Opérateur.*

! **!exprl**. Négation. Vrai si **exprl** est faux.

&& "ET logique". Vrai si **exprl** "et" **exprl** sont vrais.

|| "OU logique". Vrai si **exprl** "ou" **exprl** sont vrais.

exprl est d'abord évalué. **expr2** est évalué uniquement si **exprl** est vrai ou égale à "1".

Les opérateurs **&&** et || sont binaires (deux opérandes) alors que **!** est unaire (une seule opérande).

OPERATEURS ARITHMETIQUES

*exprl **OP** expr2* — *exprl, expr2: Expression.*
OP *: Opérateur.*

\+ Addition de **exprl** avec **expr2**.

\- Soustraction de **expr2** de **exprl**.

* Multiplication de **exprl** avec **expr2**

/ Division de **exprl** avec **expr2.**

% Reste (modulo) de **exprl** divisée par **expr2**.

Tous les opérateurs arithmétiques sont binaires. Une exception cependant avec l'opérateur "-": c'est un opérateur unaire dans le cas d'une inversion de signe d'un nombre.

OPERATEURS D'ADRESSAGE

OP expr1 — *expr1* : *Expression.*
OP : *Opérateur.*

&	Retourne l'adresse de **expr1** (pointeur).
*	Donne la variable dont l'adresse est **expr1**.

Attention! Dans le cas d'un pointeur NULL, le résultat est totalement imprévisible.

OPERATEURS CONDITIONNELS

expr1 OP expr2 — *expr1, expr2* : *Expression.*
OP : *Opérateur.*

==	Egalité. Vrai si **expr1** est égal à **expr2**.
!=	Inégalité. Vrai si **expr1** est différent d'**expr2**.
<	Infériorité. Vrai si **expr1** est strictement inférieur à **expr2**.
<=	Infériorité ou égalité. Vrai si **expr1** est inférieur ou égal à **expr2**.
>	Supériorité. Vrai si **expr1** est strictement supérieur à **expr2**.
>=	Supériorité ou égalité. Vrai si **expr1** est supérieur ou égal à **expr2**.

Les opérateurs de relation sont tous binaires. "==" et "!=" peuvent être de type enumération.

OPERATEURS DE MANIPULATION DE BITS

exprl ***OP*** *expr2*	*exprl, expr2: Expression.*
	OP *: Opérateur.*

~ Complément à un de **expr1**.

& ET booléen.

| OU inclusif.

^ OU exclusif.

>> Décalage vers la droite des **expr2** bits de **expr1.**

<< Décalage vers la gauche des **expr2** bits de **expr1.**

Ces opérateurs ne s'appliquent qu'a des types entiers. Les opérateurs **&**, |, **>>**, **<<** sont binaires alors que les opérateurs **^**, **~** sont unaires.

OPERATEURS DIVERS

exprl ***OP*** *expr2*	*exprl, expr2: Expression.*
	OP *: Opérateur.*

++ Incrémentation. Exemple: **expr1 ++** .

-- Décrémentation. Exemple: **expr1** -- .

sizeof Retourne la taille en octets de l'expression ou du type **expr1**.
Exemple: **sizeof**(expr1).

(type) Conversion de **expr1** en une expression de type "type".
Exemple: (type) **expr1**.

() Evalue les paramètres d'appel d'une fonction de gauche à droite.
Exemple:
func (expr1, expr2, ..., exprN)

?: Opérateur conditionnel.
Exemple: **expr1 ? expr2 : expr3**
Le résultat a la valeur de **expr2** si **expr1** est non nul. Si **expr1** est nul, alors le résultat sera **expr3**. **expr2** et **expr3** doivent être du même type.

, Opérateur d'évaluation séquentielle.
Exemple: expr1, expr2
expr1 est d'abord évalué, puis **expr2**.

[ ] Indice d'un élément dans un tableau.
Exemple: tab [**expr1**] = **expr2.**

. Opérateur de structure. Sélectionne un membre de la structure. Cet opérateur présente la syntaxe suivante: struct.expr1.
Exemple: struct.**expr1** = data.
Affecte "data" au champ **expr1** de struct.

-> Opérateur de structure. Pointe sur le champ de la structure grâce à un pointeur. Cette expression est équivalente à (*ptr).**expr1**.
Exemple: ptr -> **expr1.**

Annexe 6:
les codes ASCII

Décimal	Octal	Hexadécimal		ASCII
0	000	0	(NUL)	CTRL-@
1	001	1	(SOH)	CTRL-A
2	002	2	(STX)	CTRL-B
3	003	3	(ETX)	CTRL-C
4	004	4	(EOT)	CTRL-D
5	005	5	(ENQ)	CTRL-E
6	006	6	(ACK)	CTRL-F
7	007	7	(BEL)	CTRL-G
8	010	8	(BS)	CTRL-H
9	011	9	(HT)	CTRL-I
10	012	A	(LF)	CTRL-J
11	013	B	(VT)	CTRL-K
12	014	C	(FF)	CTRL-L
13	015	D	(CR)	CTRL-M
14	016	E	(SO)	CTRL-N
15	017	F	(SI)	CTRL-O
16	020	10	(DLE)	CTRL-P
17	021	11	(DC1)	CTRL-Q
18	022	12	(DC2)	CTRL-R
19	023	13	(DC3)	CTRL-S
20	024	14	(DC4)	CTRL-T
21	025	15	(NAK)	CTRL-U
22	026	16	(SYN)	CTRL-V
23	027	17	(ETB)	CTRL-W
24	030	18	(CAN)	CTRL-X
25	031	19	(EM)	CTRL-Y
26	032	1A	(SUB)	CTRL-Z
27	033	1B	(ESC)	CTRL-[
28	034	1C	(FS)	CTRL-\
29	035	1D	(GS)	CTRL-]
30	036	1E	(RS)	CTRL-^
31	037	1F	(US)	CTRL-_
32	040	20	(SP)	

Décimal	Octal	Hexadécimal	ASCII
33	041	21	!
34	042	22	"
35	043	23	#
36	044	24	$
37	045	25	%
38	046	26	&
39	047	27	'
40	050	28	(
41	051	29	)
42	052	2A	*
43	053	2B	+
44	054	2C	,
45	055	2D	-
46	056	2E	.
47	057	2F	/
48	060	30	0
49	061	31	1
50	062	32	2
51	063	33	3
52	064	34	4
53	065	35	5
54	066	36	6
55	067	37	7
56	070	38	8
57	071	39	9
58	072	3A	:
59	073	3B	;
60	074	3C	<
61	075	3D	=
62	076	3E	>
63	077	3F	?
64	100	40	@
65	101	41	A
66	102	42	B
67	103	43	C
68	104	44	D
69	105	45	E
70	106	46	F

Décimal	Octal	Hexadécimal	ASCII
71	107	47	G
72	110	48	H
73	111	49	I
74	112	4A	J
75	113	4B	K
76	114	4C	L
77	115	4D	M
78	116	4E	N
79	117	4F	O
80	120	50	P
81	121	51	Q
82	122	52	R
83	123	53	S
84	124	54	T
85	125	55	U
86	126	56	V
87	127	57	W
88	130	58	X
89	131	59	Y
90	132	5A	Z
91	133	5B	[
92	134	5C	\
93	135	5D	]
94	136	5E	^
95	137	5F	_
96	140	60	`
97	141	61	a
98	142	62	b
99	143	63	c
100	144	64	d
101	145	65	e
102	146	66	f
103	147	67	g
104	150	68	h
105	151	69	i
106	152	6A	j
107	153	6B	k
108	154	6C	l

Décimal	Octal	Hexadécimal	ASCII
109	155	6D	m
110	156	6E	n
111	157	6F	o
112	160	70	p
113	161	71	q
114	162	72	r
115	163	73	s
116	164	74	t
117	165	75	u
118	166	76	v
119	167	77	w
120	170	78	x
121	171	79	y
122	172	7A	z
123	173	7B	{
124	174	7C	|
125	175	7D	}
126	176	7E	~
127	177	7F	(DEL) CTRL-?

Index

A

B

C

D

E

F

G

H

I

K

L

M

N

O

P

Q

R

S

T

Table des matières

CATALOGUE MARABOUT INFORMATIQUE

LANGAGES

Assembleur facile
Mercier P.
885 40-0110-3 M14

C (Aide-mémoire de)
Escoffier-Gentile P. - Clot du Hecquet J.-N.
937 40-0332-3 M14

C (Programmer Windows en)
Plisson J.-M
1012 40-0994-0 M12

C avancé
Maucourant R.
907 40-0224-2 M9

C facile
Maucourant R.
857 40-3857-6 M9

C++ facile
Vaiser D.
889 40-0649-0 M9

dBase IV (Programmer avec)
Frala B.
978 40-0516-1 M12

Interruptions du MS-DOS (Aide-mémoire des)
Mercier P.
923 40-0225-9 M12

Langage Objets facile
Vaiser D.
954 40-0456-0 M7

MS-DOS (Les fichiers batch sous)
Lohéac F.
825 40-0883-5 M13

MS-DOS (Programmation avancée sous)
Mercier P.
940 40-0527-8 M9

QBasic et QuickBasic (Aide-mémoire de)
Frala B.
823 40-0878-5 M14

QBasic et QuickBasic (Devenir champion de)
Rousselet M.
1051 40-0970-0 M12

QuickBasic (Programmation structurée avec)
Laurent L.
1003 40-0941-1 M14

Turbo Pascal - versions 3 à 6 (Aide-mémoire de)
De Groote - Virga
1008 40-0963-5 M14

Turbo Pascal - versions 3 à 6 (L'indispensable pour)
Frala B.
973 40-0686-2 M12

Turbo Pascal facile sous Windows
Frala B.
972 40-0692-0 M9

Visual Basic facile
Frala B.
819 40-0877-7 M9

Visual Basic (Aide-mémoire de)
Lovinfosse J.-P.
1022 40-1095-5 M13

VisualC++ (Aide-mémoire de)
Plisson J.-M.
1053 40-1191-1 M9

Word 4 et 5 avancé (Les macro-commandes de)
de Schaetzen C.
929 40-0248-1 M9

Word 5 et 5.5 (L'indispensable pour les macro-commandes sous)
Delmas C.
1010 40-0974-2 M12

BASES DE DONNÉES - INTÉGRÉS GESTION DE FICHIERS

Access facile
Biélu
1042 40-1155-7 M12

Access sous Windows (Aide-mémoire de)
Lovinfosse J.-P.
1052 40-1197-9 M13

CA - Superproject facile
Couwenbergh J.-P.
829 40-0642-5 M13

dBase III (Devenir champion de)
Mesters J.-P.
1034 40-3107-6 M9

dBase III (Aide-mémoire de)
Virga
853 40-3772-7 M12

dBase IV facile
Frala B.
900 40-0006-3 M12

dBase IV (Programmer avec)
Frala B.
978 40-0516-1 M12

dBase IV facile sous Windows
Frala B.
1102 40-1544-2 N

dBase IV - SQL facile
Frala B.
1005 40-0943-7 M12

Paradox 4.5 facile sous Windows
Frala B.
1063 40-1235-7 M12

Premiers pas avec une base de données
Frala B.
1079 40-1145-8 M12

SuperBase 4 pour Windows, Atari, Amiga
Lefebvre P.
963 40-0596-3 M12

Works facile sur PC
Mesters J.-P.
908 40-0315-8 M13

937

IMP. BUSSIÈRE, SAINT-AMAND (CHER). — N° 1805.
D. L. AOÛT 1997/0099/340
ISBN 2-501-01388-3
Imprimé en France